沈黙を越えて

知的障害と
呼ばれる人々が
内に秘めた言葉を
紡ぎはじめた

柴田保之

萬書房

はじめに――目の前の子どもから学ぶ

どんな障害があっても、みんな人間としての輝きを持っている、そんなことを考えながら私は障害児教育の世界に入っていく道を探していました。大学の一、二年の頃です。障害があってもみんな同じ人間なのだから、人間と呼ぶにふさわしい何かが必ずあるはずだという若者らしい思いが当時の私の心をしめていました。もちろんこんな思いだけでは重い現実にとうてい立ち向かえるものではありません。

そんな私が障害という現実にきちんと向かい合うための確かな足場になるものを見出したのは、大学三年生のときの講義でした。それは井上早苗先生と中島昭美先生の「障害児の心理と教育」という講義で、たくさんの事例が映像とともに紹介されるとともに、その実践を支える確かな理論が存在することを教わりました。研究というものが現実から距離を置いているのではないかという思いはなかなかぬぐえなかったのですが、井上先生や中島先生の実践的な研究は、現実にしっかり寄り添っているものだと感じられ、迷いながらも研究者というスタイルの中で障害児教育の現実に向かい合おうと考えました。そして、大学院に入ったときに、改めて中島先生のもとをお訪ねして、先生のもとで勉強させてほしいとお願いをしたのでした。

ただ、やはり研究というものが現実から距離を置いているという負い目をずっと感じており、そのことがしゃにむに勉強に駆り立てたことをよく覚えています。研究の道を選ぶ以上、実践に資する理論をしっかりと身に着けなければという思いでした。そして、その中で、障害というものを発達と重ね合わせるという考えにどっぷりと浸っていったのです。

中島先生は、発達という考えは困ったものだとよくおっしゃっていましたが、当時の私の理解では、障害に発達を重ねる発想が、かえって中島先生たちが大切にしておられたていねいな学習の積み重ねを否定するということがあったので、そのようにおっしゃっているのだと理解し、発達そのものの考えに疑義を呈しておられるとは考えませんでした。

当時、養護学校義務制の実施とともに、障害のきわめて重い子どもたちが教育の現場に続々と受け入れられるようになり、中島先生も、もっとも重い障害のある子どもへと精力的に向かっておられた頃でした。寝たきりと呼ばれる子どもたちとどう向き合ったらいいのか、先生ご自身にとっても未知の領域に、先頭に立って入っていかれ、体を起こすことや口への働きかけなどを通して、無反応、無表情といった語られ方をしていた子どもたちが、生き生きと輝く姿をじかに目撃しました。それは、理論に子どもをあてはめたのではなく、目の前の子どもから学ぶ中から見出されたもので、目の前の子どもとの関わり合いの事実の中から次々と新しい理論的な考察が生み出されていく姿に、深い感動を覚えながら、先生のあとをついて回っていました。

ただ、私の中では、発達という考えが根深く存在していましたので、こうした事実を、どんなに発達の段階が初期的なものであっても人間は大変豊かな存在だ、とか、言葉がなくても人は感覚や運動を研ぎ澄ます中で深い思索をする、というように説明しようとしていました。

ところが今、私は、私たちの常識に反して、見かけの障害にかかわらず、人はみな豊かな言葉の世界を持っており、沈黙の中で研ぎ澄まされた言葉は独自の輝きを持っているという考えに立つにいたりました。それは、もちろん単なる思索の結果などではなく、ただ、出会ってきた事実に従うことによって見えてきたものにほかなりません。それも、ある日突然ということではなく、長い実践研究の積み重ねの中で、少しずつ明らかになってきたものです。結論だけをそのまま述べれば、それは、あまりにも奇想天外な考えに見えてしまうでしょう。だから、本書では、できる限り私が出会ってきた事実を、時間の流れに沿って紹介することによって、一人でも多くの人に、この大切な真実を理解していただけたらと思います。

なお、本書は私の二冊目の著作です。重複する箇所もありますが、前著（柴田、二〇一二）では、重度の肢体不自由を伴う方々のことを中心的に論じました。本書では、さらにその後の対象の広がりについても論じてあります。

目次

コミュニケーションの援助について 192

カバー・本扉・本文イラスト　上坂じゅりこ

本書に登場する援助用機器

運動の障害によって発話や書字に困難をかかえる人のために、これまでさまざまな機器が開発されてきました。ここでは、本書に登場する機器についてあらかじめ紹介しておきましょう。

◎走査式ワープロ

最初にあげたいのは、走査（スキャン）式のワープロソフトです。このしくみは、画面に映し出されている五〇音表の中から、第一段階で選びたい文字の行を選択し、第二段階でその行内の選びたい文字を選択するというものですが、この選択の方法に、オートスキャン方式とステップスキャン方式というのがあります。

オートスキャン方式では、コンピュータが決まった時間（例えば一秒）ごとに一行ずつ順番に色を変えてスキャンしていき、使用者によるスイッチの入力があったときにその行が選択され、今度は、コンピュータがその行の中の文字を一文字ずつ色を変えてスキャンしていき、使用者によるスイッチの入力で文字を決定します。したがって、この際に必要なスイッチは一つです。このスイッチの感度をどれだけあげていくかということで現在もさまざまな新しい技術が開発されており、ほんのわずかな力に反応するセンサーや脳波スイッチなども開発され、めざましい成果をあげています。このオートスキャン方式では、タイミングのよいスイッチ操作が必要となるため、タイミングの調整が苦手な場合は、なかなか利用が困難です。

一方、ステップスキャン方式は、二つのスイッチを使うのですが、オートスキャン方式の際に、コンピュータが行っていたスキャンを使用者自身が行うわけです。一つ目のスイッチを入力して目的の行までスキャンしたら、二つ目のスイッチを入力して決定し、今度は選んだ行の中を一つ目のスイッチを入力してスキャンし、目的の文字まで来たら二つ目のスイッチを入力して決定するわけです。こちらのほうが、スイッチの数が複数なのでオートスキャン方式より複雑になるのですが、タイミングの調整は行わずにすむので、タイミングの調整がむずかしい人には、こちらのほうがやさしいということになります。

なお、オートスキャン方式は、基本的に独力で入力をしていくことが目指されていますし、そもそも、ステップスキャン方式は、オートスキャン方式でなければならない人よりも障害が軽くて二つのスイッチを独力で操作できる人のための方法として用意されていたはずです。しかし、私の場合は、援助を前提とした上で、オートスキャン方式ではうまくタイミングの調整がとれない人に対してステップスキャン方式を採用しました（この辺の援助の問題については一九七頁参照）。

本文一九頁で用いたワープロソフトは、当時ＩＢＭから発売されていた漢字Ｐワードというソフトです。それ以前に、一九八〇年代に普及していたゲーム用のコンピュータ用ソフトとして使われており、私の妻が当時ボランティアで関わっていた女性がこのソフトを使って文章を綴っていました。その後、Windows95の発売によってパソコンの普及が進む中で、漢字ＰワードのWindows版が発売されたのでした。

なお、こうしたソフトは、他の会社からも発売されていたり、フリーソフトとして開発されたものもいくつかありましたが、私は二つの理由から、その後、自作することにしました。それは、画面を見続けることが困難な際、今スキャンされている行や文字の情報が音声でも与えられたほうがよい、つまり、行のスキャンの際、「あかさたなはまやらわ」と読み上げられたほうがわかりやすいという理由と、より見やすい字体や色に変えたほうがよいという理由からでした。そして、東京都の特別支援学校の外山世志之先生にご援助をいただいて、ソフトを作ることができたのです。本書ではこれを2スイッチワープロと呼んでいます。

◎スイッチ

本書で使用したスイッチは主として次の二種類です。

・プッシュ式スイッチ

これは、押すとスイッチが入るものですが、軽い力で押すことのできるスイッチが特に障害者用のスイッチとして市販されています。私は木製のスイッチを自作しています。2スイッチワープロの操作には二個のスイッチが必要で、初めはプッシュ式スイッチを二個用意していましたが、スピードが上がっていく中で二個のスイッチをくっつけたものに変えました。

・スライド式スイッチ

スライドレールという部品を使って棒の取っ手を持って前後に動かし、両端についたスイッチを入力するようにしたスイッチです。市販されている障害者用のスイッチには、スライド式のスイッチのようなタイプはほとんどありません。

◎意思伝達装置

・レッツチャット

パナソニックが開発した意思伝達装置です。走査式のワープロと機能は同じですが、パソコンではなく、専用の装置なので、丈夫で手軽です。さまざまなスイッチに接続して使用します。開発者である松尾光晴さんは、使う方一人一人の状況に応じてていねいに相談にのっていらっしゃいます。

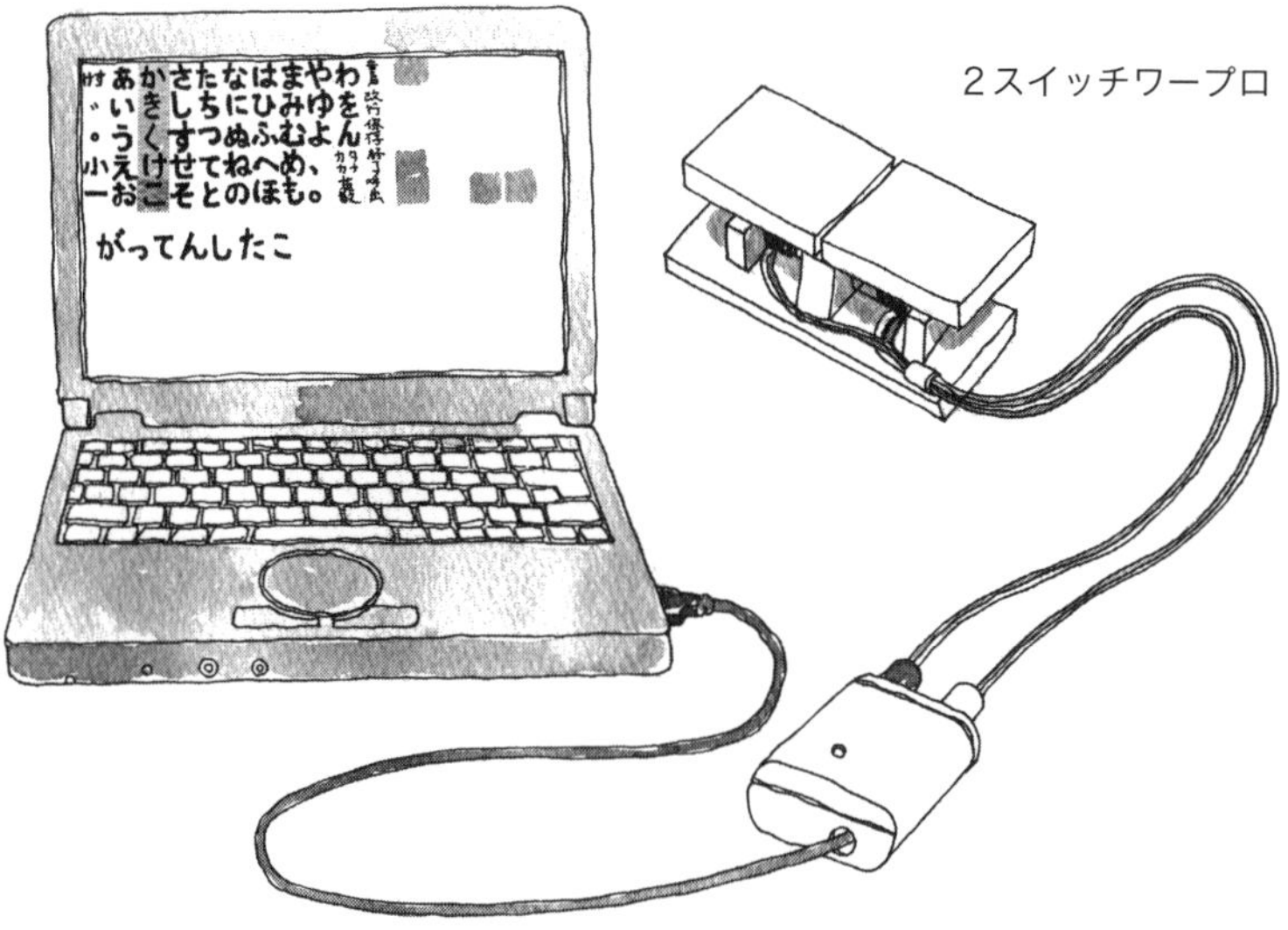

2スイッチワープロ

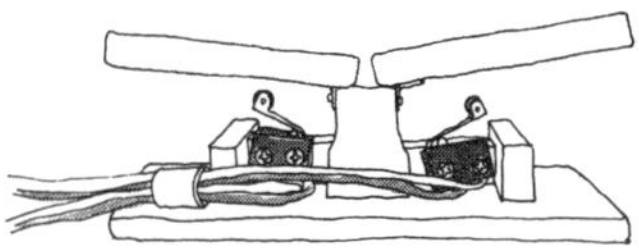

プッシュ式スイッチ

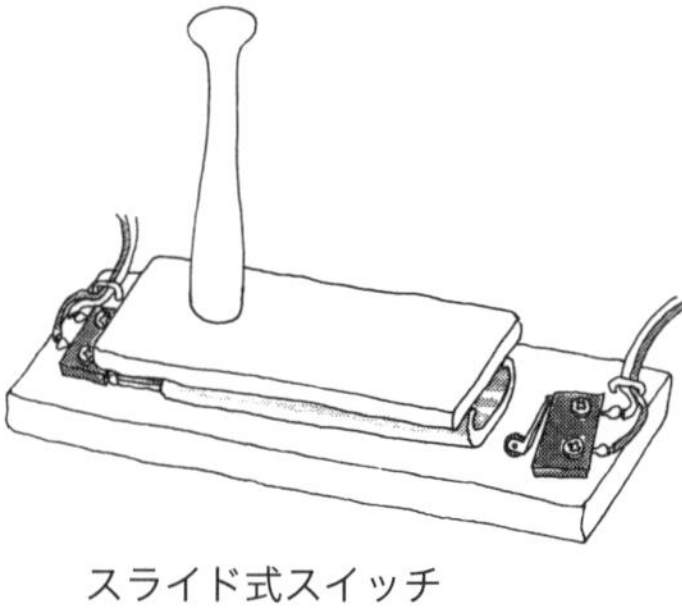

スライド式スイッチ

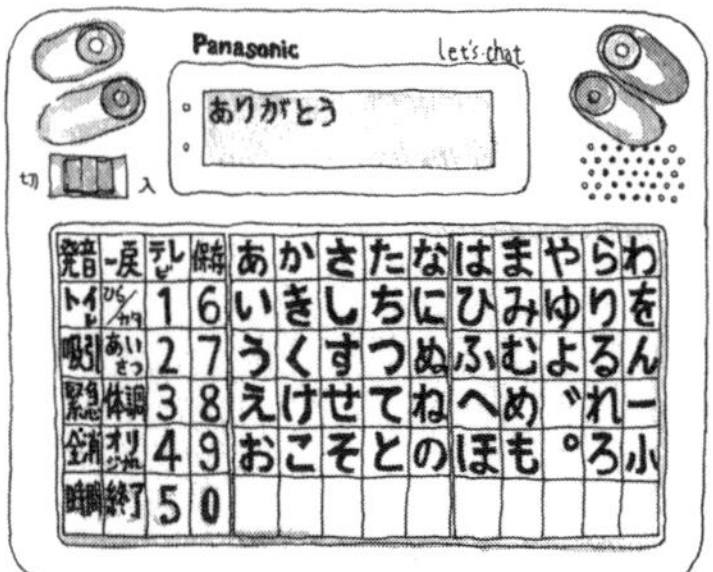

レッツチャット

さまざまな「通訳」方法
を使い歓談する当事者た
ち。かりんくらぶにて。

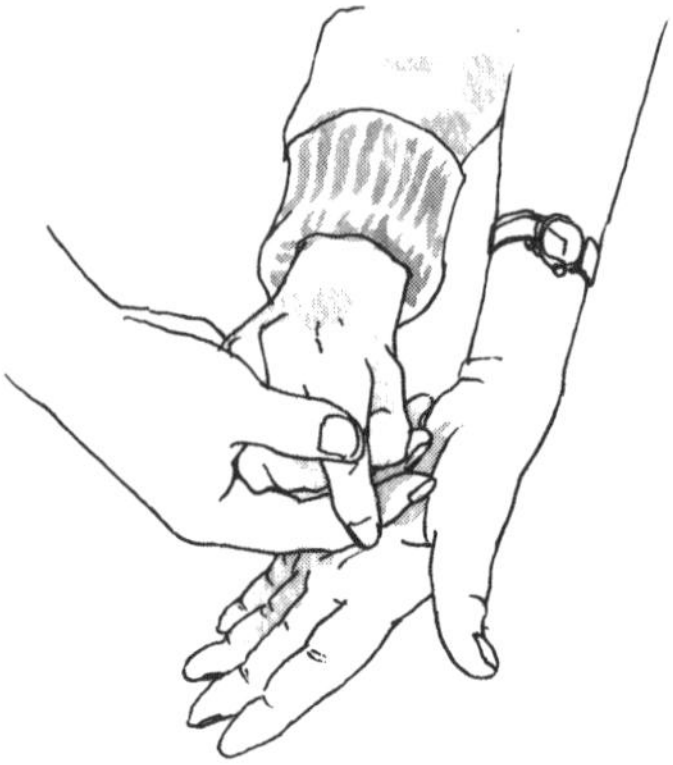

指筆談

筆談

2スイッチワープロと
プッシュ式スイッチを
使って言葉を綴る

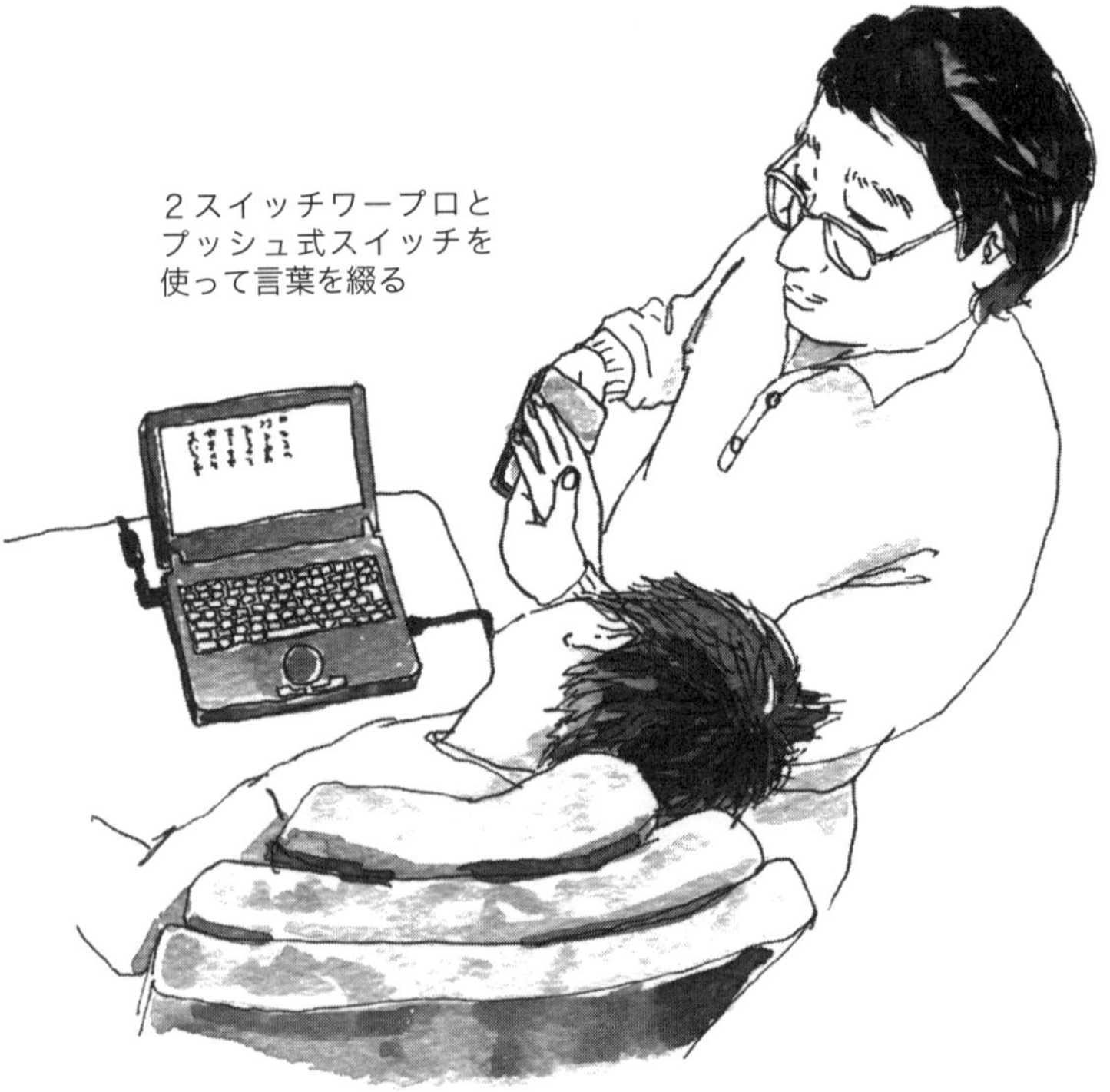

第一部　援助方法の発見と広がり

言葉を持っている子どもたちの出現

太田純平さんとの出会い

私たちが、こうした内なる言葉の問題に関わるようになった最初のきっかけは、一九九七（平成九）年四月の、町田市の「かりんくらぶ」という自主学習グループとの出会いでした。中島先生のもとでともに学んできた味戸公美《あじとくみ》さんが、町田市の障害児の通園施設で働いていたのですが、結婚と出産で辞めることになった際、その通園施設の障害の重い子どもたちのグループとの関わりを継続したいということで、自主的な学習グループを発足させたのを、私たち夫婦がお手伝いすることになったのです。

その中に障害が重いとされながらも、確実に言語理解があると思われるお子さんがいました。太田純平《おおたじゅんぺい》さんです。

純平さんは、生後九か月でかかった突発性発疹の高熱の後遺症で、全身に重いマヒが残りました。

自分で座位はとれず、後ろからお母さんにかかえてもらって床に座って遊んだりしていましたが、おもちゃなどにさわろうとして手を前に伸ばそうとしても、腕全体が後ろに引っ張られるような不随意運動が起こったりして、思うように手を動かすことが困難でした。しかし、方向の調整はむずかしくても、その力自体は純平さん自身が意図的に入れたものなので、結果的に手がいった場所にスイッチを持っていってあげたり、目的の場所に手を導いてあげれば、スイッチを意図的に押すことなどは可能でした。

小学一年生になったばかりの彼は確かに「はい」と「いいえ」はうまく返せなかったけれど、視線や表情はたくさん訴えるものを持っていたので、形の学習などをていねいに進めたあとに、七月から文字学習への取り組みを始めました。そして、二年生の夏に、ステップスキャン方式と言われる障害者用のワープロソフト（一一頁参照）を使って、パソコンで気持ちを綴ることができるようになっていきました。今ならば、出会ってから最初の言葉を綴るまでに一年以上かけるということはほとんどありませんが、この頃は一歩ずつていねいに学習を進めていました。また、初めてパソコンで文字を選べた小学二年生の七月でも、彼はまだ、その日の日付けを正確に知らなかったり、「くもり」を「くもい」と綴ったりしていましたので、彼の内面に秘められたものの大きさにはまったく気づいてはいませんでした。

そんな彼の思いの深さに接したのは、私が問いかけた「大きくなったら何になりたい？」という言葉に対する彼の答えでした。三〇分以上かけて「せんしゅをかんとく」という文章が綴られたのですが、この中には、彼がすでに自らの障害をしっかりと見据えていることがはっきり示されていたのです。ひと月前に、「くもい」と書いた少年とはまったく違う姿がそこにはありました。

そして、その四か月後のことですが、同じグループの小さい仲間の死に際しては、二回にわたって、こんな文章を綴りました。

「しにたくなかったと○○わおもったとじゅんぺいわおもう。しわいやだ。いきたいとおもう」

「いきたいとじゅんぺいがおもうのは○○○がしんだからです。からだがうごかなくてもいきていくとかんがえた。」（原文のまま）

当事者でなければわからない気持ちがあるだろうとの思いで、亡くなった女の子のことについて感想を求めたところ、返ってきたものでした。亡くなった女の子はほんとうはもっと生きたかったんだという無念の思いがそこからは伝わってきました。死という冷厳な事実を直視できない私は、知らず知らずのうちに子どもを亡くしたお母さんの思いに寄り添ってしまっていたので、この言葉は鋭く私の胸を射抜きました。それはそのまま、今、目の前の子どもたちが懸命に生きようとしているのだという事実を改めて再確認させることになったのです。まだ、生まれてから発した言葉は百文字にも満たない小学二年生の子どもが見せた思いの深さでした。

ただ当時はまだ、あくまで純平さんは例外であり、他のかりんくらぶのお子さんたちの多くは発達的にずっと初期の状態にあると考えていました。しかし、純平さんの言葉を通して見えてきた子どもの世界の深さに比例するように、言語のない世界にもそれに匹敵する深いものが存在するはずだという思いもまた強まっていきました。

ところで、純平さんが亡くなった仲間に深い文章を書いたちょうどその頃のことですが、民放である少年のドキュメンタリー番組が放映されました。のちにＮＨＫでもっと大々的に放送されて大変な議論を呼んだ日木流奈《ひきるな》さんのことです。彼は母親に手を添えられると五〇音表の文字を自在に指差して気持ちを伝えていたのです。

あとで物議を醸すことになる五〇音表ですが、このときは特に話題になることもなく、レバースイッチの前後、いわば一次元上の二選択をやっている純平さんに対して、二次元上の約五〇の選択をやっている流奈さんはあまりにもかけ離れて見えて、ただうらやましい思いで私は見ていました。ところが、そのビデオを見た純平さんの学校の若い介助員が、自分もやってみると五〇音表を手作りして純平さんに試みたところ、わずか三週間でゆっくりとですが簡単な言葉を読み取れるようになったのです。その後一年間くらいはパソコンのほうが速かったのですが、しだいに五〇音表の指差しのほうが速くなり、純平さんの大切なコミュニケーションの方法として確立しました。

ただ、残念ながら、自分たちがパソコンで何とかコミュニケーションがとれていたことや、やはり純平さんが例外的な存在との思いにとらわれていたからだと思うのですが、当時はこの方法をもっと普遍的なものとしてとらえる視点をまったく欠いていたと言わざるをえません。

なお、純平さんの言葉については、私の前著（柴田、二〇一二）に詳しく紹介してあります。

指で字を書く長尾和憲さん

一方、純平さんと同じような存在にも養護学校（当時）などで会うことが増えてきました。そういう場合は積極的にパソコンを出すことにしましたが、そうすると言葉を綴ることのできる子どもが確実に増えていきました。一人一人運動の起こし方が違うので援助の方法はそれぞれ違っていましたが、おかげでいろいろな援助の仕方を身につけることができました。

そんな頃、かつて愛知県での合宿に一緒に参加して関わったことのある愛知県の長尾《ながお》和憲《かずのり》さんのお母さんから妻が年賀状をいただきました。一九九九（平成一一）年のお正月のことです。

和憲さんは、一九八六（昭和六一）年生まれで、幼い頃の事故の後遺症で全身に重い障害が残りました。全身の動きが少なく、寝たきりという状態で、誰にでもわかるような「はい」と「いいえ」の合図もありませんでしたが、それでも関わり合いの中で、足をちょっとひっこめるように動かして「はい」という返事ができることがわかっていました。

妻がいただいた年賀状には、私たちに一度会いたいと書いてありました。実際にそれがかなったのはその年の夏休みのことでしたが、連絡を取り合う中で、お母さんが彼の人差し指を持つと彼が字を書くということがわかってきました。ただ、その方法は、実際に目にしてみないと想像もつかないことでした。また、私たちがパソコンでコミュニケーションを始めたことをお伝えすると、ぜひ、そのパソコンを持ってきてほしいとのことでした。

実際にうかがってみると、やはりじかに拝見しなければわからないもので、そのコミュニケーションの方法は驚くべきものでした。お母さんは彼を抱きかかえ、彼の右手の人差指をお母さんの右手で持って、それをあたかもペンのようにして、お母さんの左手の人差指の先の腹のところを紙に見立てて小さな字を書いていったのです。ほんとうに小さな動きですから、周りで見ていてもその動きがまさか緻密なひらがなの動きをしているというようには思えません。そのため、お母さんが書いているというようにとられてしまうことも少なくないようでしたが、彼の表情などを見ているると、その集中した顔などから、お母さんの口から出てくる言葉はまさしく和憲さんの言葉としか思えないものでした。

彼が私たちのパソコンに期待したのは、パソコンで文章を書くことができればお母さんとの方法の正しさを支えるものになるだろうということと、将来的にパソコンを使って独力で文章を綴ることができないかということのようでした。実際パソコンで2スイッチワープロに取り組んでみると、ほんのわずかな動きで入力できるスイッチを使って、彼は次のような文章を綴ることができました。

「うみがさむい。かぜひいた。やっぱりさむかった。もしやめたら、かぜはひかなかった。」（原文のまま）

これは、夏休みになって出かけた海のエピソードですが、海から帰って彼は熱を出してしまったそうで、そのことを述べたものです。お母さんと指で文字を書くだけでなく私たちのパソコンでも言葉を表現できたのですから、彼の言葉に疑いを差しはさむ余地などまったくありませんでした。残念ながら、独力でスイッチの入力ができるまでにはいたりませんでしたが、パソコンによる気持ちの表現にも一筋の希望を見出したようでした。

今、当時のことを振り返ると、なぜお母さんの方法の素晴らしさをもっと普遍的なものとしてとらえることができなかったのか、との思いが湧いてきます。

その後、残念ながら和憲さんは、二〇〇一（平成一三）年一〇月、中学三年生のときに帰らぬ人となってしまいました。今、私たちは、援助による筆談というものに大変大きな可能性を見出しているわけですが、このときはまだ、和憲さんとお母さんがまったく独自に見出していたこの方法の意味をきちんととらえることができていませんでした。初めて指の動きが伝わったときの喜び、そしてそれが言葉になったときの感動は、どれほど大きなものだったでしょうか。そして、それがなかなか理解されないもどかしさもたくさん味わったことでしょう。みんなもこの方法を使えば話せるようになるという思いもきっと和憲さんにはあったことでしょう。いつまでもしっかりと記憶にとどめておきたいと思います。

なお、当時、和憲さんが書いた詩が残されています。一九九八（平成一〇）年の一月に書かれたものです。

今日は変な日　どうしてこうなるの
顔は熱い　目は熱い
でもうれしい
だって　なつかしい人に会えた
それは病院に入院して
でもつらい　でも楽しい　なんだか変
外は雪　やっぱり変　（一月八日）

退院してうれしい
とっても静か　少しさみしい
となりの子　どうしてるかな
またおこられてるかな
でもやっぱり家はいい
だってゆったりして
僕の顔　僕の顔　治るかな
治してきっと学校へ行く　（一月一七日）

とってもうれしくて　うれしくて　うれしくて
僕　学校　だーいすき
もっともっと楽しいこと
もっともっとうれしいこと
いーっぱいやりたい　（一月二二日）（原文はひらがな）

神原康弥さんの筆談

ところで、二〇〇二（平成一四）年の春、ある養護学校（当時）の自主的な学習会に一人の少年が現れました。小学三年生の神原《かんばら》康弥《こうや》さんです。

康弥さんは、一九九四（平成六）年生まれですが、二歳のときにかかった病気の後遺症で全身に重い障害が残り、全身の動きもほとんどなく、寝たきりという状態でした。しかし康弥さんは、お母さんが康弥さんの手にペンを握らせ包み込むように手を添えると、文字が書けるようになっていたのです。

康弥さんがこの会に参加した理由は、この筆談の方法を理解してもらいたいというものでした。自発的な運動が大変乏しい康弥さんでしたから、目の前で書かれていく運動はほとんどお母さんが援助することによって起こっているもので、目も文字からそれていましたから、常識的には本人が書いているとは思えないものでしょう。私は、その方法に大変驚かされましたが、疑うという発想自体はありませんでした。こういう状況で目がそれるのは当たり前であるし、康弥さんの起こしている小さな動きをお母さんが読み取ってそれを力強い大きな動きにするために手伝っているということは、わかりました。ただ、それがどんな動きなのか、まったく見当がつきませんでした。

康弥さん自身は、せっかく私のところに来たのだから、パソコンもやってみたいとのことで試してみたのですが、スイッチを私が持って位置や角度など微妙な調整をしないと彼の小さな動きを拾うことができず、スイッチを適当な場所に固定してあとは独力でやれるという状況には持っていけなかったので、パソコンはやらなくていいということになりました。援助方法としては、パソコンよりも圧倒的に筆談のほうが速く楽だったからです。

その当時は私もあまり詳しくはわからなかったのですが、お母さんの方法が学校で疑われていて大変つらい思いをされていたようでした。彼が独力でパソコンがやれたらと願ったのは、そういう疑惑を晴らせたらという思いもあったのでしょう。

ただ私は、この方法は康弥さんだからできることという思いが強く、他の子どもたちにも応用できるものだということに、なかなか気づくことができませんでした。前述の和憲さんのことを合わせて考えれば、この方法の意味をもっと広がりをもってとらえることもできたはずなのにという思いが湧いてきますが、自分の枠組みをこわすということがどれほど時間のかかることなのかということを改めて思い知らされます。

ところで、その後、康弥さんは詩を書くようになっていきます。二〇〇二（平成一四）年九月、彼は家で書いた最初の二編の詩を見せてくれました。

しろいぶどう

ぶどうがりをした
しろいみがぶらさがり　ひかりを手にもつ
かがやくみが　ぼくの手にのった
ぼくのふじゆうな手に　ひかりかがやくぶどうがのった
かがやくぶどうがぼくのこころにひかる　こころにひかる
きみももっとひかりなさい
きみはもっとひかれるはずだ　もっとひかれるはずだ
きみのひかりをはなて

（無題）

ささのはがゆれている
こんな日はうれしくて　たのしくて
おもわずゆれたくなるのです
あなたに会えたこんな日は

おもわずゆれたくなるのです
ありがとう
あなたに会えてありがとう（原文はひらがな）

とてもすてきな詩だと思いましたが、小学三年生の詩としては、格段に大人の響きを帯びていると感じました。彼自身、詩を作ろうと強く意識したものではなかったようで、私たちの評価を聞いて、改めて詩を作ろうとの思いを新たにし、この後、たくさんの詩や物語の創作にうちこむようになっていきました。これまでに手作り詩集が三冊あります。また、たまたま絵の勉強を始めた私の姪が彼の物語に絵を添えた絵本も二冊できました。

なお、二〇一四（平成二六）年一一月、康弥さんは、こうして書きためてきた詩を出版することができました。『大すきなママへ』（神原、二〇一四）という詩集です。その本には、筆談を見つけていった経過もお母さん自身の文章によって記されています。

柴田美優さんとの出会いとその後

康弥さんと出会った二〇〇二（平成一四）年の夏、熊本で柴田美優《しばたみゆ》さんと出会いました。

一九九五（平成七）年生まれの美優さんは、そのとき松橋《まつばせ》養護学校（当時）の小学部二年生でした。生後四か月のときにかかったウイルス性脳炎の後遺症で全身に重い障害が残ったのです。美優さんは体に強い緊張が入りやすく、特に何かしようとすると手や足がつっぱってしまって、思い通りに手足を動かすことが大変困難でした。そのため、なかなか意思表示もままならなかったのですが、数々の困難を乗り越え、二〇一三（平成二五）年四月九州ルーテル学院大学に入学を果たし、現在学生となっています。

出会いのきっかけは、熊本大学で開かれた九州重複障害教育研究会で、美優さんの担任の先生が美優さんの小学部一年から二年の夏までの学習の様子を研究発表なさったことでした。美優さんもお母さんと一緒に会場に来ていました。

九州重複障害教育研究会は、熊本大学の進《しん》一鷹先生が、熱心な現場の先生と始めた研究会です。中島昭美先生の「人間行動の成り立ち」という考え方（中島、一九七七）に基づいた実践を追及する研究会として、一九八一（昭和五六）年から、地道な活動を続けてきました。

美優さんについての発表は、非常にていねいな実践の報告で、美優さんが上手にカードの選択ができるようになっていく経過などが担任の先生によって映像とともに報告されていました。その発表は、美優さんの秘めている力を鮮やかに表現したもので、発表を拝見しながら、きっとパソコンで文字を綴ることもできるにちがいないと私は思い、研究会のあとで、美優さんと関わらせてほしいと進先生にお願いしたのです。旅行中でしたのでスイッチ類を持ち合わせていたわけではないのですが、ノートパソコンは持っていたので、マウスを使って関わることにしました。

最初に、マウスを左クリックすると絵が完成し音楽が流れるソフトから始めました。美優さんは運動しようとすると体全体に緊張が入ってしまうというハンディを持っているのですが、手首を支えて親指の腹のところにマウスの左クリックのスイッチが触れるくらいに提示してあげると、小さな力を入れて手のひら全体を上下させるようにして、上手にマウスを押しはじめました。次に絵本のソフトを出すと、こちらも上手にクリックして、いい表情で絵本に見入っていましたので、文字に移りました。五回クリックすると文字がだんだんできあがるソフトですが、タイミングよくクリックすることができました。そこで、いよいよ2スイッチワープロに挑戦することにしました。

まず、一緒に「みゆ」と名前を書いたのですが、選ぶべき行や文字までくり返しマウスの左クリックのスイッチを小さな力で押してゆき、目的の行や文字が来ると、スイッチから手を遠ざけるように上げるのです。そこで、マウスの右クリックが押せるようにマウスを移動して、一緒に右クリックを押し、行や文字を確定していき、「みゆ」と綴ることができました。彼女も心からの笑顔を見せています。彼女に文字を綴る力があることは、これで明らかになりました。

次に、彼女を抱きかかえていたお母さんの名前を書いてもらおうということになりました。私もまったく知らないことなので私自身も大変緊張しましたが、無事「なおみ」と綴ることができました。これで、彼女に文字を理解する力があることも、周りのできごとをよく理解していることも明らかになりました。ここでさらに、この様子を食い入るように見ていた担任の先生の名前を書いてもらおうということになりましたが、彼女は「とみながさよこ」と下の名前まで正確に書いたのでした。富永先生も、ご自分の姓はともかく、名前まで書けたことにはたいそう驚いていました。

こうしてせっかくひらがなを綴る力が明らかになったので、今したいことを最後に書いてもらうことにしました。その答えは「たこやきをつくりたい」です。意味はよく伝わってくるものの、いささか唐突な印象がしたのですが、お母さんからこんな説明がなされました。それは、少し前に妹のお誕生日会を家でやったときに、たこ焼きをみんなで作って食べたのだけれど、残念ながら美優さんは、たこ焼きづくりそのものには参加できず、うらやましそうに見ていたからだろうということでした。これで、この日は終わったのですが、まだたくさん残っていた先生方や学生から大きな拍手を受け、美優さんの新しい歩みが始まったのです。

翌二〇〇三（平成一五）年の夏、再び美優さんとお会いすることができました。この一年の間に、美優さんの表現手段には大きな変化が起こっていました。それは、援助者が美優さんの手に手を重ねるように添えて鉛筆を握らせてあげて、美優さんの大きくなりすぎてしまう力を調整してあげると、自分で文字を綴ることができるようになっていたのです。

そのきっかけは、その年の一月に山梨で開かれた研究会の発表でした。その発表で、あるお子さんが手にペン型マウスを持って文字を選んだり書いたりする姿を熊本の寺本恵子先生たちが見て、美優さんにも使えないかということになったのです。

この研究を発表した飯嶋多三恵先生は、最初私たちが使っていた2スイッチワープロに挑戦したのですが、一つの文字の選択に大変時間がかかってしまうことから、いろいろ工夫しているうちに、ペン型のマウスを使うことを思いつきました。ペン型のマウスは手元のパッド上でペン型のマウスをペンで書くように動かすとカーソルが動くようになっているのですが、飯嶋先生は、これをペイント用のソフトと組み合わせて、子どもの小さな腕の動きによって動くペン先の軌跡がパソコンのディスプレイ上に線として表れるようにして、これにさらに五〇音表を重ね合わせたのです。すると、そのお子さんはペン型のマウスをゆっくり動かして、選びたい文字まで向かっていき、その文字まで到達すると、そこで次の文字に向かって方向転換をしていくのです。画面上には一筆書きの線が描かれていくのですが、ちょうどその線が曲がった角のところの文字が選ばれた文字になるので、それを続けて読んでいけば文章になるわけです。五〇音表を指差して言葉を伝えていく方法と原理は同じになるわけですが、これを用いているうちに飯嶋先生は、このペン型マウスで描かれる線で直接ひらがなを書けばいいことに気づきます。二〇〇三（平成一五）年の一月の研究会では、この経過が発表されたのでした。

熊本の寺本先生たちは、その夜の懇親会でもっと詳しい情報を飯嶋先生から聞いて熊本に帰りました。そして、練習を重ねた結果、美優さんの鉛筆を使った筆談が始まったのです。山梨のお子さんはその後残念ながら亡くなってしまいましたが、彼が飯嶋先生と作り上げた方法は、こうして美優さんのコミュニケーションの方法として受け継がれていったのです。

ところで、一年ぶりにお会いした美優さんは、いくつかの詩と文章を見せてくれました。一年で大きく花開いた美優さんの世界にとても感動しました。その中の一編です。

みんな大すき

みゆは　おかあさんが　大すきだよ
いつも　おいしいごはんを　つくってくれてありがとう
みゆはおとうさんも　大すきだよ　ありがとう　みゆのことをすきでいてね
いっぱい　いっぱい　すきでいてね
みゆはうまれてきてよかった　おとうさんとおかあさんのこどもでよかった（原文のまま）

なお美優さんは、二〇一二（平成二四）年一二月、松橋《ばせ》支援学校高等部三年生のときに、内閣府の公募した作文のコンテストで最優秀賞に選ばれました。その作文の中には、幼少期のことや筆談のことが、本人自身の視点から生き生きと記されています。

手のひらで伝わる心

私は小さいころ病気になりました。その結果、指の先しか自由に動かすことができなくなりました。言葉もしゃべることができなくなりました。小さいころは、手を伸ばして周りにある物をさわったりしてみました。自分でできることは少しでもやってみようと思っていました。言葉はしゃべれなくても、私の表情や声で気持ちが伝わることもあったので、あまり悲しいとは思わなかったことを覚えています。

しかし、少しずつ大きくなるにしたがって自分の気持ちをありのままに伝えたくても、表情とかだけではうまく伝わらないことが増えてきました。私は周りにあるいろいろな物を見て、感じたことを伝えるために言葉がほしいと思うようになりました。特に体調が悪いときや筋緊張が強いときは、きつくて表情に出すことも難しいときがありました。一人では何もできない自分が悔しいと思うようになりました。周りの人が私を見て「何もできないんだ」と思っているることがいやでした。知らない人が私を見て「かわいそう」と思っているのが伝わってきました。私は「かわいそうじゃない」と必死で思っていました。私は一人でできることは少ないけど、周りの人から「何もできない、かわいそう……」と思われるのはとてもいやでした。

四歳くらいのとき、母が泣いていたのを覚えています。母は私に「みんな美優のことをかわいそうだと思っている。でもそうじゃない。いつかきっとできることがみつかるはず。お母さんが絶対美優のことを幸せにしてみせるから、一緒に頑張ろう」と言いました。だから私は今まで辛いことがあっても乗り越えられたと思っています。

私は松橋養護学校の小学部に入学しました。入学する前は、母が私に絵カードや絵本を毎日見せてひらがなや数のことをたくさん教えてくれていました。絵本も毎日読んでくれました。私はわずかに動く人差し指で一人で覚えたひらがなを宙に書いていました。頭の中でひらがなや数を覚えていました。でも、まだ誰も私がひらがなが書けるということを知りませんでした。

小学部二年生のときに、初めてパソコンを使って「たこやきたべたい」と、文字を綴りました。それまで一人で指先で書いていた文字を、初めて周りに言葉で伝えた瞬間でした。私にとって記念すべき日になりました。自分の思いが周りの人に伝えられるという、普通の人にとっては当たり前のことが、私には新鮮でした。私が文字を理解していることがわかった先生は、パソコンではなく私の手を取って、一緒に文字を書いてくれました。私はそれまでたまっていた母への思いを吹き出すように詩に書きました。詩を書くと、自分の気持ちが周りに伝わるのがわかりました。そして私の気持ちが伝わったとき、みんなは喜んでくれました。私の詩でみんなが喜んでくれたときすごくうれしかったのを覚えています。

私を抱っこして支えてもらい、その人の手のひらに文字を書くようになり、いろいろな人と話ができるようになりました。でも私と文字を書くことはとても難しいです。慣れない人に抱っこされると筋緊張が入り、読み取る人はとてもたいへんだと思います。できるだけ支えてくれている人に伝わるような言葉で伝えるようにしています。でも、何回も手に書いても伝わらないときはとても悔しいです。しかし、支えてくれている人の手に文字を書いているとその人の気持ちが伝わってくることもよくあります。手に書いた文字が全部は伝わらなくても、その人が私のことをわかろうとしてくれているかどうかは、体を通して、指先を通して感じることができます。言葉が声に出なくても、私の文字を手のひらに書いてもらって、その人の気持ちが伝わってくるから、私は今の自分が好きです。これまで苦しい思いや辛い思いをしたこともたくさんあったけれど、私を見ていてくれる人がたくさんいるということを、手のひらに文字を書くことで知ることができました。

　私は高等部の三年生になりました。今は大学進学に向けて勉強を頑張っています。先日大学のインターンシップに四日間参加することができました。ある先生の講義の中で、リフレーミングの演習がありました。「自分の中で嫌いなところは」という問いに、私は、「自分でしゃべったり書いたりできないところ」と書きました。それに対して同じ班になった学生の方が「周りの人と協力してしゃべったり書いたりできるのはすごい」とリフレーミングで返してくれました。私は、いろいろな物の考え方を知りうれしくなりました。

　もし、大学に入学できたら心理学や福祉、そして、障がいについて勉強したいと思っています。友だちをたくさん作りたいと思っています。たくさんの学生に、ありのままの私のことを知ってもらいたいです。いろいろな話をして、私が今まで聞けなかった話などをたくさんしたいです。そして、友だちとつながっていろいろなことを体験したいと思っています。

　こんな私が大学に行くことで、もっともっと、障がいのある人が当たり前に大学のキャンパスに集い、学ぶ機会を得て、社会参加できるような社会になるといいなと考えています。夢は思うだけでは叶わない。挑戦しないとただの夢……。

　また、その入賞の発表から三か月後の熊本日日新聞には、推薦入試を突破して九州ルーテル学院大学に入学することになった美優さんの以下のような記事が掲載されました。

「わずかに動く指　夢実現」重度障害の柴田さん（熊本市）大学生に

四肢がまひし、言葉を発することができない重度障害がある熊本市の柴田美優さん（18）が、九州ルーテル学院大学人文学部心理臨床学科の推薦入試に合格。4月からキャンパス生活に入る。柴田さんの進学希望に大学側が柔軟に対応。試験では、わずかに動く右手の指で通訳者の手のひらに小論文の内容を伝え、夢を実現させた。

「周囲の支えに感謝」

「重い障害者は試験を受けることさえ難しい。それでも、夢はかなうと信じていた。支えてもらった人たちに感謝したい」。柴田さんは、指を小刻みに動かして喜びを語った。

松橋支援学校高等部3年生。生後4カ月で脳炎を患った。まひのため筆談もできない。小2の時、専用の機器で言葉を伝えたのが初めての意思表示だった。すべての生活に介助が必要。支援学校では教室に置かれたベッドの上で補助教師に抱えられて授業を受ける。ノート取りは、教師の手のひらにひらがなで文字を書き、代筆してもらっている。

中2の時、支援学校の教師になる夢を校長に伝えたところ、大学で学ぶ道を教えられた。小・中学部では主要教科を学ぶ時間が少なかった。高等部では普通高校に準じた学級を選択し、大学進学に備えた。

高1の時、九州ルーテル学院大に障害当事者の声を聞く講義に招かれた。「学生が自分の障害や夢に共感してくれた。私と話をすることで、悩んでいる人が希望を持てるかもしれないと思い、心理カウンセラーを目指すことにした」。学生や教授の温かい印象と、心理学関係の学科があったことが、同大を志望する決め手になった。

大学側は受験の申し入れがあった2012年2月から、受験方式の議論を重ねた。昨年11月の入試は別室であり、柴田さんが伝えた内容を通訳者が声に出し、別の2人が答案用紙に書き込んだ。

同大心理臨床学科の河津巌《いわお》教授は、「重度障害のある生徒の受験申し入れは初めてだが、対応するのが大学の務め。柴田さんの能力が十分に発揮できるよう配慮した」と語る。

文部科学省の下山直人・特別支援教育調査官は「意思表示に障害がある人の大学進学は非常に少ない。先進的な取り組み」と言う。

柴田さんは試験後、内閣府の「心の輪を広げる体験作文」高校生・一般の部でグランプリの内閣総理大臣賞を受賞。思いを伝える喜び、励まし続けてくれる母・直美さん（47）への感謝をしたためた作品だ。間もなく大学合格の通知も届いた。

入学後は、通訳・移動介助を担当する職員とノートを取る学生ボランティアが柴田さんを支援する。柴田さんは「福祉の勉強もしたい。私の合格をきっかけに障害のある人が大学で当たり前に学べる社会になってほしい」と話した。（魚住有佳）（熊本日日新聞二〇一三年三月三日付）

言葉を持っている子どもがさらに広がる

岩切葵さんのこと

こうして、障害が重いとされていても確実に言葉を有している子どもたちがいることは、一つの確信となっていきました。しかし、それはその子の目の動きや体の運動などの印象から私が可能性を感じる子どもに範囲は限られていたのですが、私には言葉を理解しているかどうかわからないけれど、お母さんがその子から「はい」と「いいえ」を確実に読み取っているというお子さんに出会うことになりました。岩切葵《いわきりあおい》さんと言います。二〇〇三（平成一五）年の春のことでした。葵さんはちょうど中学生になったところでした。

お母さんが読み取っているという「はい」と「いいえ」は私にはまったくわからず、お母さんの思い込みと言われることもあったようでした。葵さんは笑顔の大変素敵なお子さんで、たえずピクッピクッと不随意運動がふるえのように入ったり目の動きも定まりにくそうでしたが、いろいろなスイッチを操作していろいろな音を鳴らすこともできましたし、スイッチをパソコンにつないでアニメの動画と音楽が流れるようにプログラミングしたソフトなどを用意すると満面の笑みを浮かべたりしました。ただ、言葉についてはその可能性を実感することはできませんでした。

しかし、お母さんとの間でコミュニケーションが成立していることや、音楽に非常に集中していたことの意味は小さくないように思われました。というのは、都内のある養護学校（当時）で、不随意運動が激しく、手足が頻繁に動いているあるお子さんが、やはり、私たちにはわからないのに、お母さんとの間にきちんとした「はい―いいえ」のコミュニケーションを成立させていて、そのお子さんがパソコンで突然文章を綴るということがその直前にあったからです。私たちには発せられている合図がわからないので、お母さんの思い込みのように見えなくもなく、全体的な印象からは言葉を理解することが可能なのかさえはっきりしなかったのですが、お母さんに見えている事実のほうを信じて、パソコンを出したところ、突然文章を綴ったのでした。

だから、葵さんとお母さんとのやりとりや、音楽に見られる姿は、葵さんにも言葉が理解でき、文字を使って表現できる可能性を示唆するものでした。かつての私たちならば、手の操作を促す教材にもっと深くのめりこんでいったはずですが、やはり、その可能性に賭けてみなければならないと考えたのです。

そして七月の関わり合いを迎えました。しかし、言葉を理解することと文字で表現することの間には大きな隔たりがあると当時は考えていましたので、言葉や文字について葵さんがいったいどのような理解を持っているかがわからないと、適切な働きかけのめどが立たないと思っていました。私は、長い間ひらがなや点字の基礎学習にも取り組んできていたので、その全体の学習のプロセスのどのあたりにいるのかということが常に気になっていたのです。だから、最終的に文字につなげることを意識しつつもまずは、スイッチを入れることによってアニメのキャラクターの絵が完成していき、最後に歌が流れるような簡単な内容のソフトから始めることにしました。使用した入力スイッチは、スライド式スイッチとプッシュ式スイッチで、改造したマウスを介してスイッチをマウスの左右のクリックに対応するようにしたものです。

葵さんはこうしたソフトに対して積極的に手を動かそうとして、うまくいくととてもいい表情を見せました。ただ、運動に伴って首がそれたりするので視線はなかなか定まりません。私がそのお子さんがどのような学習の段階にいるかというのを確認する際は、ずっと手の動きや目の動きというものを拠りどころにしてきました。しかし、不随意運動も多く目の動きも定まらない葵さんからは強い意欲は伝わるものの、その理解の内容の手がかりをつかむのは困難でした。それでも、わからないからといって先に進まないことの愚かさは知っていましたので、そのまま2スイッチワープロに進んでいきました。

車椅子に座った姿勢で、左手のほうに行や文字を送っていくプッシュ式スイッチ、右手のほうに決定のプッシュ式スイッチを置いて、できるだけ小さな力で押すことができるように、両手ともスイッチのすぐそばに近づけて手首を支えました。また、文字の選択は、仮に理解できていたとしても、このソフト自体が初めて接するものであることなどから、一緒に操作をしました。具体的には、まず支えられた左手で、本人自身がスイッチを押して、行や行内の文字を進めていきます。そして、選ぶべき場所にたどり着くと、右手をこちらがスイッチに運んで、本人自身の力で押すというやり方です。綴る言葉としては、お母さんが本人に提案するかたちのやりとりで決めたもので、お姉さんの名前と好きな食べ物になりました。具体的には、「いわきりあいこいくらさしみ」という言葉でした。文字を綴る力を持っており、この時点でいろいろなことがわかった現在の時点で当時のビデオを見直してみると、右手を押すときによく笑っており、この時点でいろいろなことを理解できていることがわかるのですが、その時点ではなかなかそのことに気づくことはできず、画面上に文字は並んだものの、どれだけ本人が意図的に選んだものなのか、私にはまったくわかりませんでした。

夏休みを挟んで九月にまたお会いして、さっそく同じ取り組みをしましたが、その日は、テーブルの高さなどの関係で一つのスイッチのソフトでもわかりやすい手の動きをほとんど引き出せず、2スイッチワープロでの文字の選択もほとんどうまくいかずに終わってしまいました。そのため、こうした関わりを続けていいのか迷わないわけではなかったのですが、ただ、その関わりを断念する根拠も見当たらない以上、いったんここでやめてしまえば葵さんが文章を綴る可能性は閉ざされてしまうことになるので、やめるわけにはいかないと考えたのです。そしてお母さんに、「大変な冒険をしているのですが、もう少し続けさせてください」とわざわざお断りもしました。

一〇月には、後ろからお母さんに支えてもらって床に座り、前に机を置くという姿勢にしたのですが、机が高く、ひじを高いところでつくようになってしまったことが読み取りをいっそうむずかしくしたようでした。この日は、好きなものをお母さんに聞いて、その言葉を一緒に綴りました。できたのは、次のような言葉でした。

「あおいけえきおふろくるますきみにいまうすあめおいしいうれしい」（原文のまま）

ほとんど、こちらが葵さんの手を取ってスイッチを押していくのですが、ソフトのしくみをきちんと伝えつつ、なんとか葵さんの選択のしかたが読み取れないかと行ったものです。名前を一緒に書いたあと、「けえきおふろくるま」と好きなものを書いたところで、葵さんに「自分で好きな言葉を選んでください」と言って、葵さんの動きをなんとか読み取ろうとしたところ、「すき」という言葉ができたようでもあったのですが、ただ、これは、読み取りが正確でない中での偶然のようにも見え、再び好きな言葉を一緒に書いていくことに戻しました。

そして、お休みだった一一月をおいて一二月に関わり合いの日を迎えました。この日関わったのは、私の妻のほうでした。姿勢は後ろから支えて床に敷いたマットの上に座り、前に机を置くところは一〇月と同じでしたが、机を少し離し、手を机にのせることはやめ、手がだらんと垂れるようにしました。私たちは、それまで、できるだけ自発的に体を起こすことを大切にしてきたので、子どもたちのひじを机につくような場面を設定することが多く、実際、それで体を支えて体を起こす場面に出会うことも多かったのですが、ひじで支えることがかえって自由な手の動きを阻むこともあったのです。

この姿勢で2スイッチワープロを出し、二つのスイッチを両手で操作できるようにしました。書く内容については、最初、好きな食べ物の話を書こうというところから言葉をかけはじめたのですが、お母さんを交えて話をしているうちに、文化祭で演じた劇のことに話題が及び、本人に尋ねたところ、劇のタイトルに対して笑顔を見せたので、劇のタイトル「さつまのおいも」と書くことにしました。そして、右手で送りのスイッチを、左手で決定のスイッチを押すことにし、両手の手首を支えながら、一文字ずつ「次は『さ』だよ」というように声かけをしながら一緒に打ちはじめたところ、選ぶべき場所ではっきりと右手の押す動きを止め右手を上にあげるので、そこで左手の決定スイッチが押せるようにスイッチのそばまで左手を誘導するとスイッチを押しました。

これほどはっきりと選択の意思がこちらに伝わってきたのは初めてのことで、葵さんの手の動きのままに続けていくと、「さつまのおいもしたいよ」という文章になったのです。「したいよ」の四文字は、こちらがあらかじめ内容を知らない状況で選んだ言葉で、葵さんに文章を綴る力がまちがいなくあることが明らかになったのでした。また、合間に何度か「音声」という読み上げ機能の場所も選択し、自分の書いた文字を確かめるような場面も見られました。さらに続けていくと、「。」を打ち、「たのしかったよ。」と書くこともできました。なお、促音については、葵さんが「たのしかつ」と書いた時点で、「つ」を小さくする機能が一行目の五番目にあることを教えて、一緒に選んだものです。また、こうした文字の自発的な選択に際して、スイッチ操作をしているときにはなかなか視線を画面に注ぐことができないため、選択は音声ガイドを手がかりにしていると考えられました。

一二月の関わり合いを受けて、翌二〇〇四（平成一六）年一月も同様の状況で関わり合いを行うと、手を支えられた状態で、右手で送りのスイッチを、左手で決定のスイッチを操作して、文字を綴ることができました。一二月は、右手の押す動きを止め、手を挙げることで、選択する意思を示していましたが、今回は、左手の決定のスイッチを押そうとする動きも出てきて、よりスムーズに文字を綴ることができました。そうして生まれたのが次の文章です。

「あついからないた。さだかではないが、おすしをかって、たべていたかもしれない。あさ、かって、ひる、にいちゃんたべられたかな。」（原文のまま）

前半の「あついからないた」は、その日車で外出し、目的地の学習会の場所に到着したとき車の中で泣いていた理由を尋ねたところ、思いがけなく返ってきたものです。私たちが荷物を運んだりして準備をしているあいだ、葵さんは一人車の中で待っていたのですが、その際、暖房が強すぎたようなのです。お母さんや私たちはさみしいとかどこか痛いとかの理由を考えていたのですが、子どもの気持ちはほんとうに聞いてみなければわからないものだと改めて思わされたエピソードです。

この日はまた、濁点や拗音を自ら選択して後半の文を綴ったわけですが、「さだかではないが」というむずかしい言い回しを使ったことにも驚かされ、すでに非常に豊かな言葉の世界を葵さんが持っていることを強く感じさせるものでした。なお、この後半の文は、家を出るときまだ寝ていた兄のことを書いたものでした。

また、この日、選択に際して画像を見ているかどうかについていくつか質問をしたところ、問いに対して笑顔で答えるという方法で次のような答えを聞くことができました。すなわち、操作中には画面を見ていないので、音声ガイドを手がかりにしているということ、画面がまったく見えていないわけではなく、操作をしていないときに見ているということです。

こうして葵さんは、毎月さまざまな文章を綴るようになりました。表現できる時間は非常に限られてはいましたが、こうした内面の世界を有していることは、葵さんとの接し方を根本から変えることとなりました。お母さんも、すでに複雑なやりとりをしていたのですが、こうした事実を前に、さらに細やかな言葉かけをするようになったとのことでした。

同年七月には、「こたえは、やっとかえれるっておもったから。」という文を綴りましたが、これは、六月に短期に入院することがあって、なぜか退院するときに泣いたということがあったので、その理由を尋ねたところ返ってきた言葉です。うれしかったから泣いたというのは、やはり思いがけない答えで、言葉にしなければなかなかわかってあげることのできない気持ちだったと言えるでしょう。

葵さんが家庭でもパソコンを使って文章を綴ることができるようになったのは、その年の一二月頃からです。そして、さかんに家庭でもパソコンを通して葵さんは、言葉を表現するようになりました。動きも非常に無駄が少なくなり、速度も上がっていったのです。

二〇〇五（平成一七）年一月には、祖母の死について非常にしっとりとした文章も書いています。

「おとうさん、かなしいそぼのし。きっとかなしかったよね。またはなししたかた。ばあちゃん」（原文のまま）

同年三月には、お母さんが入院しなくてはならない事態が起こり、そのことをめぐってこんなやりとりがありました。入院前に葵さんはお母さんにこう語りかけました。

「わたしもがまんする。かあさんもがんばってね。だいすけやさしいよ。ちっとは、わたしをしんようしてね。だいじょうぶだよ、しんぱいしないでね。」（三月六日）（原文のまま）

そして、お母さんは手術も無事終わって退院し、その間、北療育園という施設に入所していた葵さんは、こう書きました。

「わたしはきたりょうでたいへんだったけどがんばったよ。」（三月二九日）（原文のまま）

入院をめぐってお母さんはご自分の病気以上に葵さんのことを心配されていたのですが、こうしたやりとりは、どれほどお母さんを安心させたことでしょう。言葉を通したコミュニケーションが成立したことの意味の大きさを感じさせられたエピソードでした。

その後も、家庭におけるパソコンでの会話は非常に豊かになり、日常生活の細やかな感情が語られ、同年五月には、お父さんの誕生日に際してこんなメッセージも書かれました。

「おとうさんへ、おたんじょうびおめでとう。いつもかわいそうだね。おしごといそがしくてたいへんだね。わたしがおとうさんにもっと、やさしくしてあげるね。わたしはおとうさん、だいすき！いつもありがとぅ！あおいより」（原文のまま）

なお、この頃から、葵さんの文章中には「！」や「？」の記号が登場するようになっています。2スイッチワープロのソフトでは、「！」や「？」の記号は、ひらがなの画面には存在しておらず、アルファベットの画面を出さなければならないのですが、わざわざその面倒な操作をしてそれらの記号を選択したことにも注目したいと思います。ちょうど同世代の女の子たちがメールに絵文字を使っているのと似ていて、言葉のニュアンスに心を砕いていることがよく伝わってきます。

三坂俊平さんのこと

二〇〇三（平成一五）年一二月に、東京都内のある養護学校（当時）で、初めて三坂俊平《みさかしゅんぺい》さんに会いました。一度目は授業を見学するにとどめたのですが、担任の先生は黒板に五〇音表を貼って授業をしていました。そして、その五〇音表は文字の見えやすさを考慮した黒地に白抜きの手作りのもので、一目で先生の熱意を感じました。

話をうかがってみると、実は俊平さんからの明確な合図は先生ご自身にはうまく読み取れていないけれども、お母さんのお話によると俊平さんとの間には小さな合図を通した「はい」と「いいえ」のやり取りがあって、俊平さんはいろいろなことを理解できているようだとのことで、先生としては、そのお母さんの言葉と、偶然のようにも感じられる彼の体の動きの中に返事とも取れるものがあるという直感に支えられて、こうした取り組みを進めていたのでした。

私自身の俊平さんの印象はと言えば、いわゆる寝たきりのお子さんではあるけれど、車椅子に座り、車椅子に備え付けのテーブルに肘をついて何とか上体を支えることができていたので、自発的な運動は引き出せるにちがいないと思いました。しかし、言葉の存在を実感できたわけではありません。それでも、先生からうかがったお話から、きっと俊平さんにも言葉があるのだろうと考えました。すでに岩切葵さんの経験があるので、お母さんと先生のお話は何の抵抗もなく受け入れられたからです。

年が明けた二〇〇四（平成一六）年一月二七日、再び俊平さんの教室にうかがいました。そして、今度は2スイッチワープロで関わらせていただきました。使ったスイッチは、スライド式のスイッチです。実際にスイッチの取っ手を握ってもらうと、腕全体を外側に開くような方向でスイッチを引こうとする動きと、腕全体を内側に閉じるような方向の運動でスイッチを押そうとする運動が起こるので、その動きでスイッチの取っ手が引かれたり押されたりするようにスイッチの位置や角度を変えていくと、ゆっくりと文字が選ばれていきました。そして綴られた言葉が「かあさんすき」でした。

この日のことを担任の先生は、すぐに連絡帳にお書きになったのですが、それを受けて俊平さんのお母さんは、独自のコミュニケーションの方法を編み出されたのです。それは、パソコンもスイッチも使わずに、俊平さんに「あ、か、さ、た、な、は、ま、や、ら、わ」と声を出していき、俊平さんが選びたい行で合図を送ってもらい、合図によって選ばれた行の文字を、例えば「な行」なら「な、に、ぬ、ね、の」と声を出して、選びたい文字で合図を送ってもらって読み取るというものでした。文字を選ぶ手続き自体は2スイッチワープロと同じものです。すぐには2スイッチワープロを家でやれる用意がない中で、お母さんが俊平さんとともに考え出した方法でした。

なお、ここで俊平さんが送っている合図とは、口を「ちゅっ」と鳴らすものです。小さな音ですが、この合図を「はい」の意思表示としてそれまでも使ってきたとのことでした。とは言うものの、この合図は、なかなか私たちにはわかりにくいものであったのも事実です。担任の先生もそれを確実な合図として読み取ることは困難だったとのことでした。

今、当時の資料を見て改めて驚かされるのは、すでに、その二週間後の二月一〇日には、そのやり方で、ジュース作りの材料を何にするかという問いに対して、「めろん」という答えが返っていることです。これを皮切りに、俊平さんは少しずつ意思表示を始めていきました。

私が次にお会いしたのは三月九日でした。この日は、授業に見えていたご両親を前に、こんな言葉を綴りました。

「わくわくねあすしごとのないそうであそんでとうさん。にちようしかあそべないのかな。」

（原文のまま）

そして私は、このひと月あまりの間に、口の合図を使って、文字の選択ができるようになったことをうかがったのです。

このお母さんと俊平さんが発明した方法は、今振り返ると、大変画期的な方法でした。この当時は、私はあくまで、パソコンの代替の手段としてしかとらえることができなかったのですが、後述するように、この五年ほど後の二〇〇八（平成二〇）年一二月に、私も、パソコンがない状態で口頭で「あかさたなはまやらわ」と唱え、合図をもらうことによって文字選択を行う方法に気づきました。私が読み取った合図は相手の手にこもる力でしたが、このお母さんと俊平さんが発明した方法の普遍的な意味が私に理解できるのに、五年もの歳月が必要だったということになります。

家庭でのやりとりは、毎日のように続きました。その頃の言葉は、お母さんがていねいに記録をとっています。最初の頃は質問に対して単語で答えることが多かったのですが、少しずつ長くなっていきました。ほほえましいような日常のやりとりの中に、次のような言葉が記録されていました。五月の連休のことです。お母さんが、ある方と俊平さんの認識の力について話しているときに大泣きしたので、その理由を尋ねたところ次のような答えが返ってきたそうです。〔 〕内は、お母さんの補足です。

「みんな　みとめようとか　しにたいなんて　やけなの　いちばんつらい」〔自分のことを理解してもらえない不満はあるけれど、仕方ないなと思ったり、いやになって死にたいと思ったり、やけになっていた自分がつらい。日々の中で、このことが一番つらい。そのことを思い出して大泣きになった。〕（原文はスペースなし）

そこで、お母さんが、「俊平は死にたいと思ったことがあるの？」と聞くと、あると返事が返ってきたので、お母さんは、俊平さんのことを深く理解していなかったと反省し、父親ともよく話し合ったそうです。俊平さんが気持ちを言葉で伝えはじめて、その心の深淵が垣間見えた最初のときだったのでしょう。翌日、お父さんが、俊平さんのことを理解してあげられなかったことを話したところ、返ってきた答えは次のものでした。

「ちがい　せめ　しあわせや　えがおない」〔自分が障害があることを責められていると感じていた。そして、父も母も責めていた……。それでは幸せや笑顔はありえないよ。〕（原文はスペースなし）

これを受けてご両親は、俊平さんに障害があることを責めたり、動けないことを悪いことだと思ったりしていないことを伝え、俊平さんも父と母の子でよかったと思っていること、心から大切に思っていること、普通の子と変わりのないことなどを伝え、たくさん話し合ったそうです。

そして、こうした自分の言葉にお母さんがショックを受けていると感じた俊平さんは、こんな言葉を返しました。

「かあさん　げんき　くやし　むりかく　つもりなし」〔お母さん、元気？　くやしいけど、無理を言うつもりはないよ。〕（原文はスペースなし）

その優しい気遣いにおそらくほっとしたにちがいないお母さんは、「もっと俊平の気持ちを伝えてね」という言葉をかけましたが、俊平さんも一生懸命こう返してきました。

「ての　かおの　なるべく　つかいます」〔自分ができる表現方法をできるだけたくさん使って、気持ちを伝えるようにする。〕（原文はスペースなし）

俊平さんとの間に、言葉の通路が開けて四か月が経過したのですが、ここまで深いやりとりが成立するようになったのでした。

私が三度目に俊平さんにお会いしたのは、そんな連休のやり取りがあってしばらくした五月二五日のことでした。

「ひさしぶりだねせんせい　すくっち（スイッチ）　いつ　なつやすみ　つくるかな　ちせ（ちいさい）　すいっち　いぞ（いいぞ）　ぬき　ささいごと（ささいなこと）」〔久しぶりだね、先生。スイッチいつ直すの？　夏休みかな？　小さいスイッチがいいよ。ささいなことだから、今やらなくてもいいよ。〕

（原文はスペースなし）

お母さんとのやりとりが進む中で、俊平さんは、短くても伝わる文体を作りはじめていました。お母さんの説明がないと、意味が十分に伝わってこないところがあるのですが、これなら少ない文字数でもたくさんの情報を伝えることができます。それまで、こうした文体に接したことがなかったので、こうした文体を発明した俊平さんがとてもユニークな少年に感じられたのを覚えています。

なお、このお母さんの解釈はあとで教えてもらったものです。

次にお会いしたのは、七月一日です。担任の先生は、言葉を聞き取ることはあまり進んでいなかったのですが、俊平さんの言葉の存在が明らかになった一月以降、学習の内容を、それまで以上にできる限り年齢相応のものに近づけていき、たくさんの知識を注ぎこんでいきました。俊平さんの所属していたグループは、教科学習のカリキュラムではなかったので、いわゆる国語や算数という時間はなかったのですが、例えばみんなでひまわりを植えるときには、ひまわりについての知識をいっぱい俊平さんに伝えたり、時間を見てはいろいろな本を読んであげたりしたのです。そんなことがあったので、私はこの日、まず、算数の授業をしてから、言葉を聞き取りました。そうして書かれた文章は以下の通りです。

「なじみない　さわぎ　しかたないけどわかりかた　なか　かあさん」〔ぼくが柴田先生と算数をやっているのを見て、○○先生が「えーっ、俊平君そんなにむずかしいことができるの！」と、大騒ぎしたのはしかたないけど、ぼくは今日やったくらいのことはわかっているんだよ。ぼくがわかっていること、お母さんに伝えてね〕（原文はスペースなし）

また、家ではこんな感想をお母さんに伝えました。

「わい　いいながら　かき　きき　ふしぎ　そ（う）しって　ほ（っ）」〔わいわい言いながら、書いて、聞いて、不思議、そう、知ってもらえてほっとした。〕（原文はスペースなし）

ところで、こうした俊平さんとの関わり合いは、学校の研究活動の一環としてでもあったので、七月に研究会で担任の先生が報告することになりました。以下は、その研究会のことを俊平さんに伝えるために出したメールです。

二一日水曜日に、学校で研修会がありました。そこで、○○先生が、俊平君のビデオや俊平君の言葉を紹介して、会場にあつまっていた○○養護の先生やほかの学校の先生たちも、たいへん感動しました。これまで、思いを言葉にできなくてつらかった時期があったこと、そして、今つたえられるようになったことの喜びなどが、ひしひしとつたわってきました。

ところで、俊平君が言葉で表現できるようになったのには、俊平君がまだ会ったことのない子どもたちの力が大きいということを知っていますか。ぼくは、そのお子さん方といっしょに勉強をする中で、どうやったら、言葉を表現しやすくなるのかということを、そのお子さん方とともに考えてきたからです。

そして、俊平君もまた、少しずつ、いろいろなお子さんや先生方に影響をおよぼしはじめています。それって、とてもすばらしいことだとは思いませんか。ぼくは、今、そういう子どもたちのつながりをとても大切にしたいと思っています。

また会っていっしょに勉強できるのを楽しみにしています。楽しい夏休みを過ごしてください。

そしてこのメールに次のような返事をいただきました。

「わかるよ　すごく　せんせい　せっかく　せんせい　ゆめりと（ゆめみて）　ちかに　いたよ　だから　ちかや（いや）　みんなに　おす　きー　つくってね」（「地下にいたよ」は、自分のことを理解してもらえず苦しかったという意味。理解されないのは嫌だから、みんなにもスイッチを作って、表現できるようにしてあげてね。」（原文はスペースなし）

俊平さんは、理解されずにいた時代のことを「ちかにいた」という重い表現で表しましたが、ことあるごとにこの表現は語られるようになりました。

例えば、一〇月二五日、一二月二〇日に、お母さんに以下のような言葉を伝えています。

「ちかも　くち　いう　いう　ちがい　ちきしょう」（表現できない子も話すんだよ。言えるか、言えないかの違いだけなんだよ。」

「ちくき（地茎＝地面から茎が出て来るように、表現できない苦しさから抜け出した）　すげい（すげえ）へいき（平気）　すけそう（透けそう〈心の中が見えてしまう〉）　きめ（決め）　すて（捨て）　ゆき（行き）　し（詩＝文）　き（気持ち）　かく（書く）」（自分の気持ちを文で書けるようになり、茎が伸びるように、

地下から抜け出すことができた。自分の気持ちを伝えるのは、すげえ平気。」（原文はスペースなし）

俊平さんが「ちか」というとき、ただ、そこでなす術もなく閉じ込められていたというのではなく、そこでじっと息をひそめて、地上に出る日を夢見て闘いを続けていたというような力強さが感じられました。また、この言葉は、知らなかったこととはいえ、ほんとうは言葉を理解しているのにそれに気づかぬままに、俊平さんたちを地下に閉じ込めてしまっていた、私たちに対する痛烈な抗議の言葉でもあったように思います。

ところで、俊平さんがこうした文章を書いていた同時期に、後述する八巻緩名《やまきかんな》さん（七八頁参照）が、文章を綴り、私は認識を根本から変えることとなったのですが、俊平さんは緩名さんの存在を間接的に知っていました。緩名さんがはっきり文字を綴った翌月である二〇〇四（平成一六）年の一〇月に開かれたＰＴＡの研修会で私が緩名さんについて報告をしたのを、俊平さんのお母さんが聞いていて、俊平さんはお母さんを通じて緩名さんを知っていたのです。実際に会うことはありませんでしたが、同じ立場にある者として関心を持ってくれていました。緩名さんは二〇〇五（平成一七）年の二月に亡くなったのですが、その二日後に、私は俊平さんと学校の廊下で会いました。この日は、俊平さんの教室にうかがう日ではなかったので、伝えるのは今しかないと、俊平さんの耳元で、緩名さんの死を伝えました。

以下は、お母さんとのメールでのやりとりの中でいただいたものです。

「緩名さんの言葉」添付ファイル拝見致しました。俊平と一緒に見ながら話しました。以下、俊平より緩名さんへのメッセージです。

「かす すてぬ そ(う) たえ いけ え き けっかね そむく く みぬ し そ(う) く」(貸す 捨てぬ そう 耐え いけ 絵 気 結果ね 背く 苦 見ぬ 詩 そう 苦)(原文はスペースなし)

俊平は、理解してもらえない地下の状況を「貸し」だと思っているので、緩名さんが今まで文字で表現できるようになるまでは「貸し」だった。皆に理解してもらえるようになり、これからだったのに……貸しを捨ててはダメだよ。そう頑張っていかなくちゃ。絵(かんなさんの写真を見て)結果ね、背くやり方(亡くなられたこと)は本当に辛い。これから、まだまだ緩名さんの気持ちを詩で知りたかったのに……そう残念で苦だよ。ということだと思います。同じ経験を持つ仲間として、緩名さんに頑張って欲しかったのでしょうね。本当に残念です。

同じ仲間として、緩名さんの死に無念の思いを見てとっていることが伝わってきました。そして、仲間がまだ「ちか」にいる状況を打破しなければならないという強い決意も感じられました。

基礎的な学習の発展としての2スイッチワープロ

大野剛資さんとの試行錯誤

こうして少しずつ、パソコンで言葉を引き出す取り組みが広がっていく中で、それまでとは違うかたちで、パソコンによる気持ちの表現が可能になるということがありました。それは、それまで2スイッチワープロに取り組んだ人たちが、関わりの早い時点で、文字を綴ることのできる可能性に気づいたために、文字の学習に先行する基礎的な学習にあまり取り組まずにパソコンによる気持ちの表現に向かっていったのに対し、ここで紹介したいのは、関わりはじめた時点では文章を綴る可能性には気づくことができず、文字以前の基礎学習の取り組みをじっくりと行った人たちの場合です。

パソコンによる気持ちの表現の可能性に気づかなかった理由は、一つは、その人の内面の複雑な言語の世界を見抜くことができなかったからですが、実は、その人の感覚の使い方や運動の起こし方に対して、それなりに適切な関わり合いが可能であり、実際にうまく関わり合いが進んだことも大きな理由の一つでした。まだ、発達段階という古い枠組みにとらわれていた私には、感覚の使い方や運動のコントロールを高めていき、さらに形や大きさなどの概念の形成に関わっていくという、基礎的な学習がうまく進んでいるということは、まさしく、その人が、そういう学習に対応する発達段階にいるのだという確信を深めさせ、それは、そのまま、その人が言葉を駆使する以前の発達段階にあるという予断につながってしまっていたのです。

ただ、言い訳めいてしまいますが、私たちは、子どもの発達段階を推定した上で教育の内容の議論をすることには、強い違和感を持っていました。それは、発達段階の推定が往々にして子どもの力を低く見積もることが多いことと、発達段階の議論は、私たちのような基礎的な学習の積み重ねを大切にする教育に対して、まだ、その段階ではないという否定的な意見を生むことが多かったからです。私たちは、私たちなりに想定してきた学習の道筋を着実に前に進めていくことを目指していましたから、同じ発達段階にある障害のない子どもたちがまだ文字の読み書きをしていなくても、学習を積み重ねた結果、文字の学習にいたることはむしろ当たり前のことでした。

そして、けっして順調だったとは言えないのですが、そういう学習の進展の結果、文字を選択する学習にまで進むことができ、その延長線上として、2スイッチワープロへと発展していったのです。ワープロへと発展できたことは、私たちに大きな達成感をもたらしましたが、実は、それは、相手のほんとうの力を根本的に見誤るところに成り立ったものだったのであり、現在の私たちならば最初から2スイッチワープロで関わっているでしょう。

ただし、うまくいっていた基礎的な学習は、それ自体根本的にまちがっていたわけではないと思っています。感覚の使い方や運動のコントロールの学習などは一定の価値がありますし、特に自分の感覚の使い方や体の動きのコントロールに困難を感じている子どもには、非常に有意義な学習です。しかし、それを発達段階にあてはめるのは誤りであり、内面に豊かな言葉の世界を有している存在として見なければならなかったのです。

そういう見誤りをしてしまった人の一人が大野剛資《おおのたかし》さんです。

私が剛資さんにお会いしたのは、剛資さんが高等部を卒業する二〇〇〇（平成一二）年三月のことでした。

自分では体を起こせず、いくらか手を動かすことはできるものの物をつかむことも容易ではなく、動く範囲も限られているので、日常生活に必要な動作も困難でしたが、単語を話すことができるので、ある程度言葉の理解があることはわかりました。しかし、言葉は必ずしもコミュニケーションにつながらず、なかなか剛資さんの気持ちのひだを読み取ることはできませんでした。それは、単語を発することができるのに、「はい―いいえ」をタイミングよく返せないことや、単語の数が限られていて、しかもそれがいくつもの意味を表していたりしたからです。ただご家族は、その特定の言葉がその単語の意味とはずれていても、それが意味するところをおおよそ把握できていました。

この単語を介したやりとりは、当時の私には、そのまま剛資さんの言葉の世界の水準を表しているものに思われました。それでも、発達段階にしばられて学習の内容に制限を設けてしまうのはまちがいだと考えていたので、単語とはいえ言葉がある以上、なんとか文字の学習にまではたどりつきたいと思いました。しかし、いきなり文字というわけにもいかないので、まずは、手の操作の学習からと考え、簡単な動きでスイッチが入る教材から始めました。言葉によるコミュニケーションはなかなかスムーズにいかないものの、手を操作する学習にはとてもよく集中して、さまざまな教材のバリエーションやそうしたスイッチ操作で動くパソコンの簡単なソフトを用いながら、少しずつ選択ができるように学習を進めていきました。

そんな中でとても興味深かったのは、ときおり口をついて出る言葉です。例えば、私が丸や三角などのはめ板を出したときには、「かたちはめ」「しんり」というような言葉を口にして、就学前にやった学習を思い出しているようなのです。それはいわゆるコミュニケーションというよりは、学習によって触発されたイメージを独り言のように語っているような感じだったのですが、それらの言葉の向こうに、何かよくわからないけれど、もっと別の世界があることを予感させるものでした。

選択の学習がしだいにうまくいくようになってきたので、2スイッチワープロにも挑戦するようになりました。最初は、剛資さんが口にした単語などを練習の意味をこめて打ったりしていたのですが、二〇〇四（平成一六）年の六月、初めてこんな文章が綴られました。

「おおのたかしさんはぶどうたべたいよ。あさたべたぱんみかんたべたよ。」

「ありがとうぱそこん。」（原文のまま）

この頃、私たちは夫婦で剛資さんの通っている通所施設にパソコンのボランティアというような感じで月に一回程度通っていたのですが、その中で、妻の援助でこの文章を書いたのです。前半が午前中、後半が午後でした。

この中でも、とりわけ、「ありがとうぱそこん。」という文章は、口から発せられる単語ではなかなか伝わってこなかったストレートな気持ちが感じられるものでした。そばにいた職員さんが大変感動し、すぐに剛資さんのご自宅にお電話をされて、お母さんが駆けつけてこられたことがなつかしく思い出されます。

「ありがとうぱそこん。」という文は、それまでの関わり合いの中で私が剛資さんに対して作り上げてきた一つのイメージに亀裂を走らせるものでした。単語だけの、しかも、なかなかコミュニケーションとして成立しにくい話し言葉からは見えてこないもう一つの世界があるという不思議な感覚を伴うものでもありましたが、それは、けっして近寄りがたいもう一つの世界が出現したのではなく、私たちと剛資さんとの距離をぐっと近づけるものだったのです。

こうして少しずつ、剛資さんの気持ちの表出が始まりました。ただ、この当時の私たちの援助の方法がまだまだ未熟で、剛資さんにもスイッチの操作について大きな努力を求めるものでしたから、書かれる文章は以下のようなシンプルなものでした。

「かきすきももらった。わたなべから。おわり」（二〇〇四年七月）
「わたしたい、はがき。かきたいとおもう。まりいちゃん。」（同年一一月）
「ちばでいかとえびとさざえとかつおをたべた。うみにはさかながいました。」（二〇〇五年五月）
（原文のまま）

ところで、剛資さんが、「ありがとうぱそこん。」と書いてから、さらに複雑な文章へと発展していくこの時期は、後述するように私の従来の考え方を根本から覆された時期にあたっています。あらゆる人に言葉の可能性を考えなければならないということに気づき、その視点から以前の関わり合いを含めて見直しを始めた時期です。

そういう経過の中で、しだいに援助の方法の工夫も進むにつれて文字数が増えていき、二〇〇六（平成一八）年五月、ついに次のような深い文章が綴られました。

「健康な体と心のおとうさんの暮らしで家庭すっかり平和です。すべてがうまくいっています。何も欠点はありません。感謝しています。明日からもいい暮らしをくり返していきましょう。すばらしい人生です。にせものきらい。いい人生ですよ。」（原文はひらがな）

という家族への感謝の気持ちをこめた文章です。新しい視界が大きく開けた日でした。そして、その四か月後の九月一五日に、今度は、

「ありがたいと思い元気が出ますがほんとうは僕、息をしないで過ごしてたの、苦しき日でした。がまんして生きてきた借りものの人生はなんてつまらない。」（原文はひらがな）

と、これまでの苦悩の日々を語ったのでした。もはや目の前にいるのは、私たちの常識とはまったく別の、年齢相応の考えを持ち、苦難を乗り越えて生きてきた一人のたくましい若者でした。

これらの文章は一見矛盾しているように見えますが、ここにはまさに剛資さんが、言葉を越えた心の絆を、家族など、限られた人々との間につなぐことにのみ希望を託し、そこに幸せの意味を見出す一方で、深層で醸成されてきた言葉の世界の扉はもはや外界に開け放たれることはないだろうとあきらめて生きてきたという思いが表現されているのだと思われます。

また、九月三〇日には、

「とても心配です。きーびしい体苦しいです。寝ることはくたびれます。首はくたびれ腰はきついからです。体は無理だけど心は平和に暮らせています。しあわせだと思います。しあわせは小さなトンネルの向こうにあります。」（原文はひらがな）

という文章も書いています。

二〇一一（平成二三）年に出版された剛資さんの詩集『きじの奏《かな》で』（大野、二〇一一）の中で、彼はこうした自分の過去を振り返って「二層の経験」という言い方をしています。それは、ほとんど動かない体と簡単な言葉しか出てこない上に、その体の動きも表現される言葉も必ずしも意図の通りに出てくるわけではないという表層の姿と、研ぎ澄まされた言葉の世界をたたえつつ誰にもそれを伝えることのできない深層の姿とです。その苦しさを剛資さんは次のように表現したことがあります。

「ちゃんと聞いてほしい。少し出る言葉。小さな静かな声だけど伝えている。二層の仕方なのでむずかしい。伝えたいことと言っていることが違ってしまう。微妙に同じ時もあるので実は肢体不自由とは違うと思う。」（原文はひらがな）

「肢体不自由とは違う」というのは、意図と言葉の微妙な関係は単に体が不自由というだけでは説明がつかないというような意味でしょう。

ありのままの姿を受け入れることを大前提にして関わっていた私の最初の頃の様子を剛資さんは、「のんき」といううまい言い方をしています。表層の姿を肯定し、その表層の姿を少しずつ関わり合いの中で変えていくということを考えていた当時の私の姿です。

しかし、私は、深層の姿の存在に気づくべきだったのです。その存在に気づいてしまえば、もうのんきにはしていられません。目の前にいるのは内にあふれる思いを伝えられずに苦悶している存在だからです。しかし、剛資さんは、苦しみにただ翻弄されていたわけではありません。『きじの奏《かな》で』の「まえがき」にもある通り、「心を落ち着かせ」「人として生きる意志を失わずにいるため」に、誰かに伝わるあてのない言葉を、ひたすら閉ざされた世界の中で自分自身に向けて研ぎ澄ましてきたのでした。私たちが寄り添うべきなのは、その苦悩の姿であり、また、その中で人間としてあり続けようとしてきた誇り高い姿だったのです。

藤村元気さんとの長い歩み

また、剛資さんと同じように、基礎的な学習から始めて同じような時期にパソコンで文字を綴りはじめたお子さんが一人いました。藤村元気《ふじむらげんき》さんです。元気さんとの関わり合いが始まったのは、一九九七（平成九）年四月。元気さんはまだ四歳でした。元気さんは、太田純平さんのところで紹介したかりんくらぶのメンバーの一人です。

元気さんは初めから一人でお座りはできましたが、物になかなか触れようとせず、関わり合いは、物に触れるところから始まりました。興味の持ちやすい物やさわりやすいスイッチなどを通して手を伸ばして触れたりつかんだりする手の操作が広がってゆき、九月にはゴルフボールを缶に入れるというような学習へと進んでいきました。

容器に物を入れるという学習は、その子どもの学習の段階を見極める際に目安となる行動の中でも代表的なもので、障害が大変重いと言われる子どもの多くが、この行動に困難を抱えていました。その中で、早いうちにこうした学習が成立した元気さんには、入れる学習を発展させて、形のはめ板の学習にいたり、形や大きさの異同を区別していく学習を経て、文字や数の基礎につながっていく学習の道筋が、漠然とですが見えていました。

現在の立場からすると、入れる学習が成立するかどうか、あるいは形の弁別学習が成立するかどうかというようなことは、運動のコントローや感覚の使い方の水準の違いであって、発達段階の問題ではないのですが、当時はそのことに気づくべくもありませんでした。

元気さんは、ボールやビー玉などさまざまな物を穴に入れる学習にはとても意欲的に取り組み、うまくいくと笑顔で手を叩いて喜びを表していたので、私たちも大きな手ごたえを感じていました。そして、物を入れる際に力が入りすぎていることもわかったので、さまざまなバリエーションの教材を作って的確に目的の場所に手が伸びるようにいろいろな工夫を重ねていきました。一方、丸い板を同じ形状の穴に入れる学習に挑戦するとなかなかうまくいかず、目をそらした状態で手に持った板を穴の空いている板にぶつけたりするので、まだ、形の認識にはむずかしさがあると考えていました。

ところでこの頃、私は、一つのスイッチを入力すれば変化が起こるパソコンのソフトを作ることに取り組みはじめていました。当時、障害のある子どもたちへのパソコンのソフトの開発はさかんになりはじめていたのですが、私が求めていたようなソフトはほとんど見当たらなかったからです。これまで、折に触れて紹介したソフトは、こうして生まれたものでした。

元気さんとパソコンに取り組みはじめたのは一九九八（平成一〇）年の九月からですが、よくやったのは、スイッチを押すたびにキャラクターの姿ができあがっていき、最後に音楽が流れるというものでした。元気さんにとっては、スイッチの操作自体は簡単で、上から軽く叩くようにしてプッシュ式スイッチを押して、画面上の変化や流れてくる音楽などをとても楽しんでいました。

しかし、入れる学習とパソコンの学習に平行して取り組んでいるうちに、一つの考えがしだいに頭をもたげてくるようになりました。それは、形の弁別学習から推測される元気さんの形の認識に関する力と、パソコンの画面に起こっている画像の理解から推測される形の認識に関する力とが食い違っているように感じられるようになり、手の操作から推測される力は見かけのもので、視覚的には十分に絵をとらえることができているのではないかという考えでした。

前々から元気さんが運動を起こすとき力が入りすぎていることが気になってはいたのですが、あるお子さんとの関わり合いの中で、手の方向づけがむずかしいのは、ひじを曲げているときであり、ひじを伸ばした状態で肩から先の腕全体を一本の棒のようにして方向づけを行うと、うまくいく場合があるということに気づかされ、元気さんにも同じようなことがあてはまるのではないかと思ったのです。そこで、腕全体を伸ばした状態で手が使えるように机を取り払い、低い位置に容器を提示して、そこへボールを入れる課題をやってみました。すると、ほぼ正確に穴の位置へボールを持ってゆくことができたのです。このことから、これまでの机上での学習では、ひじを曲げながら運動を方向づけなければならないことが多く、それが方向づけや、細かな手元の操作を困難にしていたことが明らかになったのです。二〇〇二（平成一四）年の一月のことでした。

机を取り払ったのはこのときだけでしたが、このことに気づいたことは私たちにとってはとても大きなできごとでした。手の操作から推測されていた認識の力と目で見て理解していると推測される力とがずれてしまうことの理由の一端が見えてきたからです。元気さんはすでに課題の内容を十分に理解しているにもかかわらず、手が思うように動かないために理解していることを表現できなかったのです。

そこで、改めて、三月からもう一度そのような視点から課題をやり直すことにして、形のマッチングの学習などを始めることにしました。すると、回を重ねるごとに、形はもちろんのこと、大中小、五段階の大小などが、十分に理解されているということが伝わってきたのでした。

こうして、二〇〇二（平成一四）年一〇月から、カードによるさまざまなマッチングへと進むことができました。具体的には、元気さんの前に、左右に二つ箱を置き、その中に一枚ずつカードを入れ、いずれかと同じカードを元気さんに渡して、同じカードが入っている箱に入れてもらうという設定でした。使用したカードは、持ちやすいように厚さ約一センチメートルの板を五センチメートル四方に切ったものを用いました。

課題の内容は、最初は、丸や三角、四角の輪郭線図形でしたが、そこから、「十」「×」「L」「T」

などの線図形、さいころの模様のようなドット図の弁別などへと進んでいき、ついに二〇〇三（平成一五）年一月には、文字のマッチングへとたどりつくことができました。

そして、同年四月から、タッチパネルのディスプレイを購入したのを機に、画面上に二つの文字の選択肢を出し、いずれかと同じ文字カードを見せて、同じのはどちらかという形式で文字の学習をさらに進め、選択肢も五つに増やしていきました。

また、タッチパネルで数の学習にも取り組みました。その中にタイルの学習を画面上で再現したものがあったのですが、縦二列の枠があって、左の列には一〇までの数のタイルが問題として表示され、右列に同じ数だけタイルを表示させて答えるというソフトでした。タッチパネルは画面にさわるとマウスの左クリックと同じ働きをするので、画面のタッチによってタイルが右列に一つずつ増えていくという設定でしたが、元気さんは、私たちが手を添えて、簡単に画面に触れられるようにしてあげると、リズミカルに画面をタッチして答えの数までタイルを表示させ、ふっと画面から手を遠ざけるという方法で正しい数のタイルを表示させたのです。この手の使い方は、まさに、2スイッチワープロの文字選択を可能にするものだったので、さっそく2スイッチワープロにも挑戦することになりました。二〇〇三（平成一五）年の一二月のことです。

最初に名前を書こうと促して始めましたが、手を支えてあげると「あかさたな…」とタッチパネルの画面に触れて行を進めていき、目的の行が来ると手を止めてタッチパネルから少し離すように浮かせ、その行を選ぶ意思を伝えてくるので、そこで私たちが決定のスイッチを押すと、再び画面に触れてその行の中の目的の文字に達すると、手を止めて浮かせ、文字を選択することができました。なお、二〇〇四（平成一六）年の三月からは、タッチパネルの画面へのタッチではなく、手元で楽に操作できるプッシュ式のスイッチに変えました。スイッチが押しやすい位置で元気さんの手を支えてあげると、タッチパネルのときと同様に、リズミカルに押したあと、選びたいところでふっと手を上げて合図を送ってきました。

こうして、2スイッチワープロで文字を選ぶことができるようになったのですが、すぐに気持ちを書いてもらおうとしたわけではありません。文字を弁別する学習と平行してやっていたので、私たちも、まずは文字を弁別する学習の延長線上で簡単な言葉だけでも綴ることができればと考えており、複雑な思いをその時点で綴るということは想定していなかったのです。

毎回、やりとりをしながら綴る言葉を決めて、以下のような言葉を綴りました。この中には、聞き取りにくいながら元気さんが発した言葉を聞き取って書くことにしたものや、その時々の話題から単語を選んだものなどが含まれています。

「ふじむらげんき、おとうさん、」（二〇〇三年一二月）「げんきひこうきおかあさんふじむらけーきこてつ」（二〇〇四年二月）「けへき、おちゃたっくんかれえ。」（同年三月）「けーきじゅーすおたさん」（同年四月）「びでお」（同年七月）「なつやすみうみはこだておばあちゃん。」（同年八月）「おかあさんびでおおねがい」（同年九月）「げんきはかこいいな。」（同年一〇月）「びでお」（同年一〇

月)「くりすますけーき」(同年一二月)(原文のまま)

ところで、この二〇〇四(平成一六)年は、次に紹介する同じかりんくらぶの八巻緩名《やまきかんな》さん(七八頁参照)との関わり合いにおいて大きな転機となった年なのですが、まさにこの元気さんの文章は、そうしたできごとのすぐそばで書かれていたものなのです。

しかし緩名さんが、それまで言葉がないと考えられていた子どもたちにも言葉があることを明らかにした二〇〇四(平成一六)年九月、すでに元気さんは言葉を綴っていたため、すぐに関わり合いを変えようということにはなりませんでした。ところが緩名さんは、初めて文章を綴った五か月後の二〇〇五(平成一七)年二月、この世を去ったのでした。このとき、元気さんには、緩名さんへのお別れの言葉として、「かんなさんさようなら。」と書いてもらえますかと尋ねたところ、同意したように思われたのでスイッチに手を誘導すると、そのままその通りに綴り、最後に「げんき」と付け加えました。なお、この日から、プッシュ式スイッチは二つ並べて示して、元気さんが一方のプッシュ式スイッチでこれまでと同様に手をスイッチから離して合図を送ってくると、その手を、もう一方のスイッチに誘導して、決定操作を行うようにしました。

この二つスイッチを並べた状況でのスイッチ操作がスムーズだったことや、自ら「げんき」と付け加えたときの自発的な感じから、私たちは、そろそろ元気さんにも自分で文章が書けるかもしれないと思い、その翌月の三月二五日、書く言葉を決めずに自由に綴ってもらうことにしました。そして、彼が自ら初めて選んだ言葉は、「そつぎょお」です。小学校の卒業を迎えた元気さんの記念すべき言葉となりました。正しい表記はもちろん「そつぎょう」ですが、発音に合わせて「お」と綴っているところに、まさに元気さん自身が選択したということが表れていました。

そして、中学生になった元気さんは、少しずつ自分の気持ちを綴りはじめたのですが、正直なところ私は、元気さんの文章がそれほど複雑なものになるとは思っていませんでした。いきなり文章を綴った子どもたちは、元気さんよりも外見上障害が重いのですが、体が動かないという外見に惑わされて豊かな内面を見落としていたというふうに考えることができました。しかし、元気さんの場合は、学習を積み上げてきた成果として文字を綴っているように思えたので、学習の中で見えている姿からは、その後明らかになっていく豊かな言葉の世界はなかなか想像できなかったのでした。

そんなこちらの思いを覆すできごとが起こったのは、その年の七月の文章でした。元気さんは次のような文章を綴りました。

「げんきずしいきおかあさんに、たのしくたべてもらう。」（原文のまま）

元気寿司という彼の名前と同じお寿司屋のチェーン店があるのですが、そこにお母さんを連れていきたいという、この文章にこめられた意図がわかったのは翌月のことです。

「いけてよかつた。おかあさんいけてきげんがよいたつくんなやみで」（原文のまま）

これが、八月に綴られた文章ですが、私たちには、元気寿司に行けたということはよくわかるものの、後半の意味はよくわかりませんでした。しかし、そばにいたお母さんは、その言葉にはっとされました。実は、「たつくん」とは、正確には「たっくん」で、高校三年生のお兄さんのことでした。お兄さんは、受験勉強のさなかにあったのですが、もう何か月もお母さんとまともに口をきいていないとのことで、そのことをお母さんはよく元気さんに独り言のように語りかけていたのでした。元気さんのお寿司屋の提案はそのお母さんの気持ちを少しでも明るくしたいということだったのです。それまでのあどけない元気さんとは違う大人びた元気さんが突然姿を現したのでした。緩名さんを通して、すべての子どもに言葉の世界があることを見直さなければならないということはわかっていたつもりでしたが、この文章によって、私たちは改めてその意味の大きさを思い知らされたのです。

なお、お兄さんは、お母さんとなかなか会話できない時期も、毎晩一階から二階の寝室へ元気さんをおぶっていく役割を欠かしたことはありませんでしたし、元気さんには頻繁に語りかけていたそうです。ひたすら聞き手に徹することのできる元気さんは、お母さんの悩みもお兄さんの悩みも一身に引き受けていたということになるでしょう。

そして、この日を境に、元気さんの文章は、気持ちのひだを伝える文章に変わっていきました。

障害の重い子どももみんな言葉を持っている

八巻緩名さんが開け放った扉

太田純平さんに始まって、障害が重いとされながら内面に豊かな言葉を持っている子どもたちとの出会いは、気がつくと、かなりの数にのぼっていました。それでも私の中では、やはり言葉を獲得する前の段階にいる子どもの存在自体を疑うことはありませんでした。むしろ私のほんとうの仕事は、そういう子どもたちに寄り添い続け、言葉などなくても人は豊かだということを明らかにするという場所にとどまり続けなければならないと思っていたのです。だから、八巻緩名《やまきかんな》さんとの関わり合いは、私にとっては一つの大きな拠りどころだったのです。

緩名さんはその頃、私が関わっている子どもたちの中ではもっとも障害の重い子どもでした。出会いは、緩名さんが五歳のときのことです。かりんくらぶの新しいメンバーとしてお会いしました。緩名さんは寝たきりと言われる状態にあり、ほとんど自発的に体を動かすのは困難な状態で、表情の変化もあまり見られませんでした。しかし私たちは、それまで出会ったたくさんのお子さんたちから、どういうところから関わればよいのか、いっぱいヒントをいただいていたので、少し生意気かもしれませんが、戸惑いは少ないものでした。

手がかりは、大きく二つありました。一つはかすかな自発的運動を探すことであり、もう一つは姿勢への働きかけです。

ほとんど手に力が入らないようなお子さんでも、首の左右の運動を起こして唇で物に触れたり、頬でスイッチを押すといった自発的な運動を起こすことのできるお子さんや、足をかすかに動かしてスイッチを押したりするお子さんには何人も出会ってきました。緩名さんの場合は手がかすかな動きをしており、ほんのわずかに力を入れるとスイッチが入る教材を用意すると、緩名さんはかすかな手の動きで応えてきました。こうしたきわめて障害の重いお子さんがかすかな動きでスイッチを入れたとしても、ほんとうにそのお子さんが納得しているものか、偶然手が動いただけではないのかという疑問は、よく寄せられていました。例えば、タイミングよく笑うというようなことが起これればわかりやすいのですが、緩名さんの場合は、そういう笑顔はなかなか引き出せなかったので、頼りにしたのは集中している表情でした。緩名さんが見せる深い集中の表情は、私たちに大きな手ごたえを与えてくれましたし、そこに確かな通じ合いが生まれたことを実感させられたものでした。

もう一つの姿勢への働きかけとは、できるだけ体を起こすというものです。首もすわっていると は言えないし、上半身をまっすぐに起こすような力も入らないお子さんを起こすというと、大変無理なことを子どもに強いているように見えるものです。しかし、椅子に腰かけてもらい、前から両ひじを支えて体が垂直になるように少しずつ起こしていくと、最初は、こちらからの一方的な働きかけにしか感じられないにもかかわらず、ある時点でその子ども自身が体を起こそうとしてくるという事実を何度も経験していました。そして、手の代わりに机に両ひじをつけて上半身を支えるような姿勢を作ってあげることによっても、自分から体を起こそうとする動きが出てくることも経験していました。これは、そのお子さんの中に、自分で体を起こそうという気持ちはあるにもかかわらず、独力ではなす術がないという状況で、ひじを支えて体を起こしてもらうと、最初は両ひじにたくさんかかっていた体重が腰や足に移っていき、両ひじにかかっている体重が軽くなって、小さな力であっても腕や上半身全体に力を入れると、支えてくれている人の手や机をひじで押すことにつながって、結果として体がわずかでも起きていくのです。

しかも体を起こすといいことは、その姿勢で教材の操作を行うと、手の動きが、他の体の部位の動きと連動するようになることです。例えば、両ひじを机につく姿勢で右手に教材を出すと、左ひじで上半身を支えることになるわけですが、左ひじで支えて体が起きることが右手を動かしやすくすることになり、さらに上半身を起こすことができれば、その動きは右手と連動して、右手の大きな動きにつながります。そこに足の踏みしめも参加してくれれば、上半身の動きは、もっと確かなものになるわけです。

こういう考えをもとにして緩名さんに関わっていくと、緩名さんは絵に描いたように体を起こしたり教材を力強く操作してきたりしました。教材の操作の結果として鳴る音は単純なものであるにもかかわらず、くり返し頑張ろうとする姿やそのときの晴れやかとも言える表情は、緩名さんが寝たきりの自分でもこうして体が起こせるということや、手を使うことができるということを発見して、心からその事実を味わっているかに見えました。

私にとってはこうした緩名さんとの関わり合いは、これまで出会ってきたたくさんの子どもたちから教わってきたことの集大成のようなものでしたから、授業でも、研究会でも、くり返しビデオを交えて報告してきました。そして、言葉を獲得する以前の段階にあると言われる子どもであっても、こんなに豊かな感性を持ち、自分の行動を工夫することができる素晴らしい存在だということを併せて強調してきたのでした。そんな緩名さんが、実は豊かな言葉を持っていたのです。

二〇〇一（平成一三）年、小学一年生の冬、風邪をこじらせてから、緩名さんは、体調のすぐれない日が続くようになり、晴れやかな表情に会うことも少なくなってしまいました。しかし、手にスイッチを持たせると、そのときばかりはぐっと手に力を入れてくるのです。見た目はどんなにぐったりとしていても、自分はまだ強い意志を持ってがんばろうとしている、ということを私たちに訴えているようでもありました。一方、お医者さんはこういう状態にある緩名さんの体調が少しでも改善されるようにと、胃瘻と気管切開を勧めました。夜中に声を出して母を呼ぶ唯一のコミュニケーションの道が断たれてしまうことや、食べる楽しみを奪ってしまうこの処置をどうするか、お母さんは長いこと悩んでおられましたが、やはり少しでも楽に生活が送れるということで、手術に踏み切りました。

そうした手術を終えた四年生の四月（二〇〇四〈平成一六〉年）、緩名さんは元気な表情を取り戻して、私たちの前に現れました。緩名さんがせっかくこんなに元気になったのだからと、私たちは何か新しい取り組みをしようと思い立ち、スイッチの操作の結果として鳴る音を人の声にしてみようと考えました。そして、２スイッチワープロを使うことにしました。すでに多くの子どもたちがこのソフトで気持ちを表現していたのですが、緩名さんにもそれができると考えたわけではありません。ふだんからたくさん声をかけられていて、中でも自分の名前などなじみのある音が出てくれば、言葉の意味は理解できなくても、面白いと感じるのではないかと思ったのです。ただ、私たちの周りで続々と気持ちを表現する子どもたちが現れていましたから、万が一という思いはありました。しかし、それはありえないという強い気持ちがあったのも事実です。私は、言葉の獲得以前の段階にある子どもとの関わり合いについてこだわりを持っていたのです。

この日、緩名さんに出したスイッチは、手前側だけにスイッチのついているスライド式のものです。以前からこのスイッチの取っ手を手前に引いて音を鳴らしたりするのが得意だったからです。そして、このスイッチで行や行内の文字を進めていくことにして、決定のスイッチは私が操作することにしたのです。緩名さんは、小さな動きではありましたが、確実に手前に引く動きを起こしてスイッチを押していくので、私も、「かんな」という言葉ができるように、決定のスイッチを押しました。手ごたえは十分でしたが、ここで驚くべきことが起こったのです。それは、緩名さんが名前ができたあとも動きを続け、時々手を止めるのです。私にはそれが選択の意思表示であるなどとはまったく思えなかったのですが、後ろから緩名さんを支えていた妻は、それを選択の意思表示ということにして、緩名さんが手を止めるたびに決定スイッチを押していきました。

そうしてできあがった文字列は「はすき」でした。そういう単語はありませんから、まさしくこれは、たまたまできた無意味な文字列であると思ったのですが、最初から読むと「かんなはすき」というきちんとした意味になるのです。私は混乱し、その日はそのまま終わってしまいました。私は、これは偶然だろうとの思いがぬぐえなかったのです。しかし、ほんとうに緩名さんが言葉を持っているならこんなに素晴らしいことはないわけですから、確かめなくてはならないと思い、七月、八月と関わったのですが、体調のことなどもあって、なかなかワープロにまで進めませんでした。そして、九月の関わりの日を迎えました。さすがにこの日は、私たちも今日こそはという思いで臨みました。しかし、明確な方針があったわけではありません。ともかくワープロを一緒にやりながら緩名さんの様子を見ようというものでした。

それでもまだどこかに疑いを持っている私は、音楽のソフトから始めましたが、緩名さんの表情は冴えず、手の動きも今一つです。体調でも悪いのだろうかと心配しつつ、この簡単なソフトがうまくいかないようではワープロはむずかしいかもしれないと不安になっていると、妻のほうがあっさりと「これはつまらないから、ワープロ出してって言ってるよ」と言うので、その言葉をいぶかりつつもワープロを出したとたん、緩名さんは、しっかりと顔を前に向け、きりっとした表情に変わったのです。今から思えば、六月に私たちが選べないだろうと思いつつ出したワープロに対して、自分で考えたやり方で文字を選んだにもかかわらず、それを信じてもらえず三か月が過ぎ、このままでは永遠に言葉を綴れるチャンスは来ないかもしれないという、焦りのようなものもきっとあったでしょう。だからこそ、ワープロが出てくるのを待ち焦がれていて、こうしたはっきりとした変化として現れたのでしょう。

この日用意したスイッチはスライド式のスイッチで、両端にスイッチが付いていて、移動距離が五センチメートルほどになっていました。手前側が行や行内の文字を送るスイッチで、向こう側が決定のスイッチでした。私が決定のスイッチを押すのが容易だからこのスライド式スイッチを選んだだけだったのですが、これがとても大きな意味を持っていたのです。まず、名前を書こうということで始めてみると、実に積極的に手が動いてくるので、こちらが決定のスイッチを勝手に押していたところ、緩名さん自身が決定スイッチを押すために向こう側に取っ手を押しているのが感じられたのです。にわかには信じられませんでしたが、押していることはまちがいありません。そして、「かんなかあさ」という文字列が画面上に並んだのです。「かあさん」と書こうとしているのだということは推測できましたが、「かあさ」はあかさたなの最初の三行の先頭の文字ですから、偶然ということも考えられます。しかし、次に来るであろう「ん」にいたっては偶然選択されるなどということはありえません。私は、この「ん」が選ばれるまでの時間の中で、もしほんとうに「ん」が選ばれたなら、私のこれまでの障害というものに対する考えが根底から覆されることになるということを考えていました。そして、「ん」は選ばれ、さらに「か」が選ばれて、それに濁点がふられたのです。ビデオには、その濁点が選ばれた瞬間の緩名さんのほほえむ顔が映っています。緩名さんはひらがなのしくみも理解していたのでした。それから、一気に彼女が書いた言葉は、

「かんなかあさんがすきめいわくばかり」（原文のまま）

という母への感謝の気持ちを表すものだったのです。緩名さんは言葉を理解していただけでなく、生まれて初めて気持ちを伝えるというときに感謝の言葉を綴るという豊かな心を持っていることも明らかになったのです。大きな一歩が踏み出された一日となりました。

緩名さんとのこの日の関わり合いが明らかにしたことは、論理的には次のようになります。すなわち、私は目の前の障害のある人に対して、この人には言葉があるとかないとかいうことを事前に判断する能力はなく、実際に関わって相手に言葉があることがわかったときはそれが事実であり、仮に関わってみて言葉があることが明らかにできなくてもそれは関わり方が不十分だからかもしれませんから、事実としては何も明らかになっていないということです。こうして、この日を境に私は、あらゆる子どもに言葉の世界の可能性を考えなければいけないと思うようになりました。

緩名さんはその後、一〇月、一一月、一二月と、次のような文章を綴りました。

「そちこちで、みせあっているのへいき」（二〇〇四年一〇月二二日）

「ぜったいしじするかあさんががんばってきたことおひさんのようなかあさんがやっぱりじぶんはあいしています。そうわるいことばかりではないよ。」（同年一一月二六日）

「ねふらいざーがちゃんときるーいすーなえるしせきがですぎる。」（同年一二月二四日）（原文のまま）

一〇月の文章は、緩名さんの映像をあちこちで映していることの了解を本人からは得ていなかったので、それを尋ねた答えの文章です。許しをもらえて胸をなでおろすことができましたが、前月の言葉の切ないとも言える響きに対して、何かおおらかな響きがして、緩名さんがいちだんと大人っぽく見えてきました。

一一月は、お母さんのことについての深い思いを再び書いたものですが、支持するとあえて緩名さんが母に告げなければならないことがあるとしたら、お母さんが逡巡しながらも決断した胃瘻や気管切開のことではないでしょうか。

一二月の文章は、一転して、生活のことになりました。その日、寒かったこともあって、痰のことが話題になり、ネフライザーという痰が切れやすくなるための薬品の入った蒸気をかける器械について、椅子に座っているときはネフライザーのスイッチは切ってほしいということと、その理由が、なえてしまうし咳も出すぎるから、ということのようでした。「ーいすー」は、長音の記号を自ら選んだものです。緩名さんがネフライザーの話を書きはじめたので、横でお母さんとその意味を推測していたのですが、お母さんが「夜寝ているときのことかしら」と言ったことに対して書かれました。「寝ているときではなくて、いすに座っているときです」と言ったのです。この日はクリスマスイブで、ほしいものがあったら書いたらなどと言って始めたのでしたが、彼女はこうした言葉を選んだのでした。

お母さんが実際に緩名さんが綴っていることを確信なさったのは、この日の関わり合いであるとうかがいました。それまで確信が持てなかったのは、離れたところから見るとなかなか本人がやっているようには見えないことと、綴った内容があまりにもお母さんの抱く緩名さん像とかけ離れたものだったからだと思われますが、この日、途中で後ろからの支えをお母さんに代わっていただいたところ、お母さんにも緩名さんの動きがはっきりと伝わってきて、緩名さん自身が言葉を綴っていることを理解していただくことができたのです。

しかし、残念ながら、この日が私たちにとっての最後の関わり合いとなってしまいました。二〇〇五（平成一七）年二月二〇日、突然緩名さんは帰らぬ人となったのです。一月は、入院のために会えず、二月は、二五日にお会いする予定でした。

亡くなられた翌日、緩名さんのお宅を訪ねました。日取りの関係でお通夜は翌々日になっていたので、お宅はむしろすべてがうそのような穏やかさにつつまれ、そこに横たわる緩名さんもいつでも目を覚ましそうなふだんの寝顔のままにいました。その緩名さんの中にはこれから語るべき言葉が無限につまっていたはずなのに、その扉を開く鍵を私たちは永遠に失ってしまったということが、どうしようもなく理不尽に思われました。

私は、緩名さんがかたちにした言葉をご両親にお渡ししましたが、そのとき、お父さんが心の底から発した慟哭は、けっして忘れられないものでした。そして、初めて目にした緩名さんの文章をご覧になりながら、お父さん嫌いでもいいから、何か自分のことを書いてほしかったということと、こんなに重い障害を持って生まれてきたのだから、緩名はけっして幸せだったとは言えないだろうけれど、「そうわるいことばかりではないよ」という言葉に救われるとおっしゃいました。

どうしようもない虚しさの中で、一つ気づいたことがありました。それは、緩名さんはとても大きな贈り物を私たちに残していってくれたということです。緩名さんが文章を綴ってから亡くなる半年間に、同じかりんくらぶの中で三人の仲間が言葉を綴ることができるようになったのですが、これは、まさに緩名さんが言葉の世界への扉を開けはなったからかなえられたことだったのです。

そして、それは、けっして三人にとどまるものではなく、日本中の仲間たちへとつながっていったのです。

新しい援助方法の発見と広がり

●合図を感じ取る方法の発見

三瓶はるなさんとの関わり合いの中で

こうして八巻緩名さんのことをきっかけにして、どんな障害の重い子どもにも言葉の世界の可能性を考えた働きかけを行うことによって、新しい世界が開けていき、それまで言葉のないと言われてきた子どもたちから、言葉を聞き取る機会が増えていきました。そして、それは、さらに予想を超えた広がりを示すようになってきています。しかし、そのためには、こちら側の聞き取る技術の発展というものが不可欠でした。ここからは、その方法の発展と、それをきっかけに対象が広がっていった経過について述べていくことにしたいと思います。

あらゆる障害の重い子どもに言葉の可能性を考えると言っても、この段階ではまだ、援助の方法はそれぞれのお子さんの状況によってさまざまでした。基本的にはスライド式のスイッチかプッシュ式のスイッチを使うことになったのですが、スイッチの操作の仕方は一人一人個性的だったからです。そして、うまく言葉を引き出すことがむずかしいお子さんも少なくありませんでした。

そうした取り組みの中で、援助の方法での大きな進歩がありました。それは、それまでは基本的には子ども自身が自発的に起こした運動をもとにスイッチ操作が行われていたのですが、一緒に手を動かしているときに合図を感じ取るという方法を偶然見つけたのです。

具体的には、緩名さんのできごとの直後に言葉を綴れることがわかった三瓶《さんぺい》はるなさんとの関わり合いにおいて次のようなことが起こったのでした。はるなさんは、座位をとることもでき、ある程度方向づけられた運動を起こすことはできるのですが、なかなか手にしっかりとした力を入れることがむずかしいようで、運動はふわっと空中を移動するようなかたちで起こっていました。だから、二つのプッシュ式スイッチを並べて置いておくと、送っていくほうのスイッチに向かって運動が起きたことも、決定するほうのスイッチに向かって移動しようとすることも、わかります。しかしうまく到達できないことも少なくないし、仮に到達できてもなかなか押す力が入りにくいこともあったので、軽く手を添えて、起こされた運動を補助して到達できるようにしたり、押しやすくしたりするような援助を行っていました。

その中で一方のスイッチを一緒に手を添えて押しては戻す運動を続けていると、隣りのスイッチに移ろうとするときに、隣に移るために準備をする力が入ってスイッチが押しっぱなしになって戻らなくなるということを発見しました。ためのような力と言えばいいでしょうか。

そこで、このスイッチが入りっぱなしになるという準備の力を合図としてとらえて、はるなさんが実際に手を隣りのスイッチに運ぶことは省略して、私たちがもう一方のスイッチを押すように変えたのです。それをくり返しているうちにはるなさんは、どんどん脱力してスイッチを連続的に押すのはもっぱら私となり、彼女は手を添えているだけになって、決定したいところでのみ小さな力を入れてくるようになったのです。このときには、その力はもう準備の力ではなく、小さな力の合図そのものになっていました。以前のやり方では一つ一つの動作に時間がかかったり動作の意図の読みちがいがあったりしたのに対して、この方法ではスピードも上がり正確になっていきました。

こうして一気に一回に綴れる文字数が増えることとなったのです。二〇〇六（平成一八）年三月のことでした。しかし、この方法の普遍性に気づいたのはずっとあとのことで、はるなさんにだけ通用する方法と考えていたのです。

同年四月の文章は、次のようなものでした。高等部の入学式の日、地域の中学校から進学してくるはずだった少年が電車の事故で亡くなったことをはるなさんは知りました。

「よきひよきときににゅうがくしきまたむかえることができましたよ。そろってにゅうがくできなかったおともだちがいたのがざんねんでした。のりもののじこでなくなりました。ほんとうにおしいことです。まよわずそのたましいがてんごくにいけますように。」（原文のまま）

亡くなったのは私もよく知っていた、山下大輝《やましたひろき》さん。お父さんの久仁明《くにあき》さんが、息子の将来のことを考えたいからといって、まだ大輝さんが幼い頃、町田市の障害者青年学級のスタッフになったご縁で親しくなり、大輝さんのご葬儀にも参列しただけに、この文章は深く胸にしみました。なお、久仁明さんはその後、ご自身が書かれた小説『ぼくはうみがみたくなりました』（山下、二〇〇二年）を映画化しました。大輝さんが青年になったときの姿をイメージして作られたこの作品は、日本全国で大きな感動を呼びました。

こうして、文章が長くなるにつれ、はるなさんの表現の幅は格段に大きくなっていきました。その中で初めて書かれた詩をご紹介しましょう。二〇〇七（平成一九）年一月の作品です。この詩は、私自身が曲をつけさせていただいて、障害者青年学級で行っている「わかばとそよ風のハーモニーコンサート」で数百名のお客さんの前で歌われました。

のにさくはなのようにばてない
むりをしないでいきていかなければ
いいこともある
とおくにまいおりたとりのようにみえる
きぼうにむかってよんでみよう

ねがいはひとつたとえみちはとおくても
ゆめさえなくさなかったらなあとおもう
らくなみちではないけれど
へんてこなわたしだってたたかいつずけていきたい
もしなやみがあまりにおおくて
まえがみえなくなってしまっても
ぜったいにあきらめない
のにさくはなのようなけだかさでもっていきていこう
いつまでもへこたれないで（原文は改行なし）

なお、はるなさんの言葉については、私の前著（柴田、二〇一二）でも紹介しています。

●手を添える方法へ――簡単な言葉を発する人たちとの関わりから

板橋望美さんのほんとうの言葉

そんな中で、少しずつ、今度は棒の取っ手のついたスライド式のスイッチのほうで、決定の合図を感じ取る方法が見出されるようになってきました。

はるなさんのプッシュ式スイッチの場合は、一緒にスイッチを押しては戻すということをしたわけですが、スライド式スイッチの場合では、手を添えて棒状の取っ手を前後の方向に引いては戻すという運動になります。このとき、選択したいところが来ると、向こう側のスイッチを入れるために取っ手を押そうとする動きが必要となるので、その準備としていったん手を引き付ける動きが出るのです。そして、そこで本人が向こう側へ押そうとする動きが起きるのを待って一緒に押すわけですが、はるなさんのときと同じく、これは、しだいに向こう側へ押すための準備から、小さな力の合図そのものになっていきました。

なお、このとき、スライドレールのついている台のほうも私が持っていることが多いので、その台のほうを前後方向に押しては戻すということをすれば、取っ手のほうを引いては戻したのと同じことになるので、取っ手の動きに合わせて台のほうも動かしたり、場合によっては、取っ手のほうはほとんど動かさずに、台のほうだけを動かすという援助をしました。もちろん、それでも合図は十分に伝わってきました。

こうしたスライド式スイッチでの援助方法の変化はあまりはっきりと自覚していなかったので、この日を境にというようなものではなかったのですが、二〇〇七（平成一九）年六月頃には自覚的になっていました。そして、はるなさんのときと同様に、文字の選択がより正確になりスピードも上がっていき、よりたくさんの言葉を聞くことができるようになりました。

その頃はスライド式スイッチを使うことが多かったので、こうした変化はまずスライド式スイッチのほうで起こったのですが、もともとはプッシュ式のスイッチで始まったことでしたから、この頃からプッシュ式スイッチで言葉を綴っているお子さんでも意識的に取り入れることにしました。

こうして、一緒にプッシュ式スイッチを押したり、一緒にスライド式スイッチを動かすということが、一つの新しい方法として確立していきました。そして、この方法は、すでにこれまでのやり方で文字の選択ができている人に対してもっとたくさん正確に綴ることのできる方法があるというかたちで用いはじめたのですが、これまでの方法ではうまくいかなかった子どもたちに有効であるというような視点はありませんでした。

ところが、この方法を、かりんくらぶのメンバーの一人であって、簡単な会話の可能な板橋望美《いたばしのぞみ》さんに試みてみたらどうなのだろうという考えが浮かんだのです。

望美さんと初めてお会いしたのは、一九九八（平成一〇）年の一一月。望美さんは小学三年生でした。脳性マヒのために手足が不自由でしたが、お会いしたときから会話も可能で、背中を少し支えれば座位をとることもでき、物をつまむなどの基本的な操作もできていましたから、形の学習から始めて文字や数の学習を進めてきました。見え方に特徴のあるお子さんで、輪郭線の把握がむずかしく、輪郭線で描かれた絵や線図形、ひらがななどはほとんど識別できなかったのですが、犬の写真などを見せればすぐにそれが犬であることはわかったりしました。また、会話については、決まり切った簡単な言葉が多くを占めていました。しかし、中学生のとき、学校で毛筆を教わったことがよいきっかけとなって、しだいに文字の認識ができるようになっていきました。学習の中心的な部分は文字カードやタイルなどの操作でしたが、学習の終わりにタッチパネルを使って五〇音表の中から一緒に文字を指差しながら選択して、簡単な文を作ることなどを進めてきていました。

その望美さんに、二〇〇七（平成一九）年の七月にこの方法を試してみることにしたのです。望美さんは高校三年生になっていました。用いたスイッチはスライド式のスイッチです。スイッチ操作をすべて望美さんに任せるとガチャガチャとスイッチを操作してしまって文字選択どころではなくなってしまうのですが、一緒に手を添えてスイッチを押したり離したりしていくと、選びたいところで力を入れてスイッチが入りっぱなしになるというかたちで合図を送ってくれました。そして、次のような文章が綴られました。


「しゃろーむのいえにいきました。こあのはこづめがたいへんでした。そつぎょうしたらさびしくてかなしい。なつどうやってすごすかな。おおちざわにきゃんぷにいく。」（原文のまま）

「しゃろーむのいえ」という作業所で実習をしていること、卒業のこと、夏休みのことなどが述べられており、パソコンにさいた時間が短かったということもあるのですが、この日の内容は、ほぼ口頭で語っているものとそれほど大きなずれは感じられませんでした。

ところが、一〇月、一一月と、文章が長くなるにつれ、声で語られる言葉よりも、複雑で大人びた言葉が綴られるようになったのです。一一月の文章は以下のようなものでした。

「そつぎょうをしたらたくさんきぶんいいことをしえんしてもらう。しけんさせしにいいてんをときふつうのがっこうにいきたかったけどしかたがないすこしぐらいきぼうをきいてほしいとおもいますりっぱなおとなになりたいけっこんをしてみたいとおもいます」（原文のまま）

これは、卒業後のことでしたが、口で語られる言葉では聞いたことのない細やかなニュアンスがこめられていましたし、とりわけ「ふつうのがっこうにいきたかった」などという言葉も聞いたことはありませんでした。

そして、年が明けると、卒業をめぐるさらに深い思いが綴られました。以下の通りです。

「卒業式が近づき思春期の年もおしまいになるのが悲しい。不思議な気持ちが私をおそう。日のあたる並木道を歩いていこう。もしかして疲れてしまって立ち止まることもあるかもしれないけどともに歩く仲間がいるかぎり前に向かって生きてゆこう。私が信じていく夢はむずかしいけれど闘い続け気持ちが続くかぎりがんばりたい。元気くん卒業したら養護でがんばってね。私はりんとした気持ちでシャロームの家でがんばります。目ざす先だけを見つめていきたいと思います。ひろきももうすぐ小学生になるけれどちゃんとできそうでお母さんも生き生きして

いるのでもっとがんばることができそうです。」（二〇〇八年二月二二日）（原文はひらがな）

それまで2スイッチワープロによって気持ちを表現した人たちは、みんなまったく表現手段を持たない人たちでした。しかし、望美さんについては、話し言葉を持っており、簡単な会話が可能だったのです。それが、音声言語によって表現されている気持ちのその向こうにもっと複雑な思いが秘められているなどとは思いもよらぬことでした。

また、こうしてパソコンで文章を綴っているときに、大変不思議なできごとに遇いました。それは、私が手を一緒に添えて望美さんと文字を選んでいるとき、書かれている文とは関係のない言葉を望美さんが発するということが起こったのです。幼い弟に向かって「ひろきしずかにしなさい」などという言葉をときおり発しながらも、文章はきちんと綴られていったのです。望美さんの場合、他の言葉を言っているときでも、この文章はこれでいいかということを尋ねると音声言語やうなずきで「はい」という返事をしてくるので、この文章がまちがっていないということはわかるのですが、この意味をしっかりととらえられるようになったのは、他のお子さんでも同様のことが起こって、その理由をじかに本人に聞くようになってからのことでした。

望美さんに改めてこのことを尋ねてパソコンで答えを書いてもらったのはだいぶあとになりましたが、二〇〇九（平成二一）年の七月に「はなしながらでもうつことができますはなしはかってにうごきますからだいじょうぶですくちはかってにうごきます」（原文のまま）と答えてくれました。

Aさんとの新たな展開

二〇〇三（平成一五）年の秋に、都内のある自主グループで小学五年生のAさんに出会いました。

Aさんは、特別なマヒなどがあるわけではないのですが、歩いたり手を使ったりすることがむずかしく、話をすることもできませんでした。後ろから支えられると立つこともでき、座位もとても安定していました。目をとてもよく使うことができ、じっと相手を見つめることもできるのですが、手を伸ばすことが苦手で、体の前で組んだりしていて、そのため日常生活に必要な動作にはかなり困難を抱えていました。しかし、最初のお母さんの説明が、「私の言ってる意味とか、日々の日常の流れはわかるんですけど」というものでしたので、そこを大切に関わろうと思いました。とはいえ、明確な「はい」と「いいえ」の表現がなかったので、気持ちをくみ取るのは容易ではありませんでした。Aさんほど視線がしっかりしていれば、「はい」と「いいえ」くらいは表現できそうな気がしてしまうのですが、かえってそれが言葉を理解できていないという誤った推測を生んでしまうわけです。はっきり言葉を伝えられるようになった今でも「はい」と「いいえ」はむずかしいので、いかに簡単そうに見える「はい」「いいえ」の動作が困難なものかがわかります。そのことを考えると、やはり、お母さんの直観の正確さはさすがでした。

そのようなこともあったので、初めから手の操作を高めようという働きかけと平行して文字の学習にも取り組むことにし、二〇〇四（平成一六）年の四月には、2スイッチワープロで文章を一緒に書くことを始めました。ただ、スイッチ操作は、一つのプッシュ式スイッチをくり返し叩くように押すことはできるものの自分で止めることはむずかしいというものでしたから、その日書く簡単な文をお母さんと決めて一緒に書くことから始めました。

まだ自分の気持ちを表現したものではありませんでしたが、表情もよく、集中しているので、これを続けていくことにしました。しかし、毎回自分で選べるように挑戦しましたが、積極的にプッシュ式スイッチを連打するものの、なかなか止めるべきところでは止まりません。何度かうまく止まることもありましたし、止めるべきところで「ストップ」と言うと止められることもありましたから、練習を重ねていけばいつか一人で止められると考えていたのでした。しかし、なかなか練習の成果がはかばかしくは上がらないまま時間だけが過ぎていったのです。

そんなとき、望美さんたちのことを受けて、手を添える方法を試してみてはどうかという考えが浮かんできたのです。せっかくがんばって自分でスイッチを操作しているのにこんなことを言っていいのかという迷いはありましたが、二〇〇八（平成二〇）年の五月に意を決して、Aさんに、今日は一緒に手を動かすという新しいやり方をしたいと思うので、自分で動かさないで私と一緒にやってほしいとお願いしました。最初に2スイッチワープロに挑戦してから四年の月日が経っていました。Aさんは高校生になっていました。

実際にAさんの手を取らせてもらって一緒にプッシュ式スイッチを押すと、まさに、三瓶はるなさんと同じように選びたいところでスイッチが押されっぱなしになるのです。小躍りしたいような気分でしたが、これまでの時間のことを考えると、こんな簡単なやり方があったのにという申し訳ない気持ちもたくさん湧いてきました。そして、次のような文章が綴られたのです。

「おかあさんいっしょにみっきーしようよ。Aのおはなしきいてね。たのしみ。」（イニシャル以外原文のまま）

また、三か月後の八月には、こんな女子高校生らしい文章も書かれています。

「もしすてきな私にすてきな誰かが現れて夢中にさせてくれたならうれしい。夏いい人に会いたかったけどそれはかなわなかった。でもいつかそんな人がやがて現れることを夢みて希望を失わずにいくことが大事だと思います。」（原文はひらがな、句読点なし）

Aさんに対して行った挑戦を経て、これまで、なかなかうまく言葉を引き出せなかった子どもたちの言葉を聞き取る新しい道が開けたのでした。

発語のある伊藤柚月さんの複雑な思い

こうしたAさんとの新たな展開からしばらくして、さまざまな子どもたちとの関わり合いにおいても、言葉を聞き取る援助のスピードがどんどん速くなっていきました。そして、それは、次のような変化をもたらしました。

一つは、お子さんの側から、以前は力を入れた自覚があったのに、今はただそこだと思うだけで合図が伝わっていくということでした。その上、私の側でも、相手が力を入れたということをそれまでは自覚していたのですが、しだいに条件反射、あるいは自動化というようなものが成立してきて、子どもの力を自覚することが減り、気がつくとスイッチが入りっぱなしになっているという感じが増えていきました。私としては、子どもが力を入れたかどうかではなく、スイッチが入りっぱなしになったかどうかに着目すればよいことになって、大変援助が楽になりました。感覚としては、自転車に乗れるようになったばかりの頃、全身に注意を向けていたのが、習熟とともに無意識になっていくような感じでした。

こうした展開の過程で、二〇〇八（平成二〇）年一〇月の伊藤柚月《いとうゆづき》さんとの関わり合いを迎えます。

柚月さんは、かりんくらぶのメンバーで、小学一年生の六月から関わり合いは始まりました。一九九七（平成九）年のことです。当時すでに、ゆっくりと歩きはじめていて、短い単語でしたが、簡単な意思表示をすることもできていました。積み木を並べるような手の使い方もできていましたので、初めから形の学習に入っていきました。毎回、集中して学習に取り組み、速度は必ずしも速いとは言えなかったのですが、中学を卒業する頃には、五〇音の区別や一〇までの数の理解の課題などができるようになっていて、学習の内容からもその発話からも、小学校の教科学習の入り口にいる段階の子どもと見なしていたのです。

パソコンについても、タッチパネルを使って、五〇音表の文字を指差すことをやっていました。一人では自在に文字を選ぶことはできなかったので、あらかじめ文字タイルで簡単な単語を作っておいて、一文字ずつ、その文字がある方向などを指差したりして援助すると、五〇音表の中の適切な文字に触れて文字を選び出すことができましたので、一緒に単語や簡単な文を書いたりしていました。いつか一人で選べるようになるだろうと漠然と期待しつつ、時間だけが過ぎていきましたが、私はそれを、柚月さんには知的障害があるから焦ることはないとのんびりかまえていたのでした。

しかし、彼女が高等部三年を迎えた二〇〇八（平成二〇）年一〇月、どういう結果が生まれるかは見当がつきませんでしたが、もしかしたらという思いから、柚月さんに2スイッチワープロを試みることにしたのです。柚月さんの場合は、これまで紹介したお子さんたちの中で唯一、まったく援助なしにスイッチ操作はできていたお子さんです。スライド式のスイッチでもプッシュ式スイッチでも、一方の手でスイッチを押さえ、もう一方の手でスイッチを操作できるのです。ただ、その動きは連続的な反復運動になってしまうので、文字を選択することは困難でしたし、五〇音表を指差す学習をしているのに、わざわざ手間のかかる2スイッチワープロを使う必要もありませんでした。それでも、他のお子さんとの間で一緒にスイッチ操作をするという方法が思わぬ結果を生み出していたので、挑戦してみることにしたのです。

スライド式のスイッチを出して、今日は一緒にやるということをお願いして始めてみたところ、すらすらと言葉が綴られてきました。

「ゆづきこれをやるのがたのしみです。おかあさんがなにしてるか?わたしはおかあさんにいいたい。きいてほしいききたい。おかあさんきいて。がんばります。じっしゅういくの。おかあさんいないけどがんばります。がっこうにいくのは、やすんでいい。」(原文のまま)

高校三年生の柚月さんは、地域の通所施設に実習にいくことになっていて、そのことをめぐる思いが書かれていました。

そして、その翌月は偶然、進路をめぐる三者面談があった当日で、この日の文章は、冒頭に書けるようになった喜びと、三者面談の場で決まってしまった通所施設に行きたくないということが、綿々と綴られました。文中のAからFは通所施設です。彼女はAを希望していたのですが、お母さんはその直前の三者面談でBがいいようだと答えていたのです。

「このまえかいてとてもうれしかった　ずっとしてみたかったから　ずっとかきたかったからずっとやりたかったから　ずっとしてみたかったから　ずっときにしていたから(中略)Aにいきたいです　Bはいやです　きらいです　ねんどはいやです　つくりたくありません　いいところはAです　Cのほうがいいです　わるいからいやです　Dはいやです　ひとにはかんけ

いありません　つぎにいいのはFです　Fにいってみたい　すきになるかもしれない　Aがいいです　おんがくがあってもいやです（後略）」（原文はスペースなし）

この畳みかけるような言葉の勢いに圧倒されたお母さんは、すぐに学校に電話を入れ、三者面談の返事をAに変更することになりました。なお、最終的に柚月さんが通うことになったのはCという通所施設でした。

また、一年後の二〇〇九（平成二一）年一〇月の文章になりますが、柚月さんの五〇音表の文字の見え方やスイッチを操作している最中にも空いている手がパソコンをさわったりすることについて尋ねた際の柚月さんの答えが書かれたものがあります。

「（五〇音表を目で見て指差して選ぶのは）むずかしいです　よむのがむずしいです（2スイッチワープロは）みみでわかります　にんげんだからわかってほしいです　ゆうきがほしいです　ひだりてはかってにうごきます　ひだりてをもっていてください　そのほうがいいです　かんたんです　だってりかいしていますから　だいじょうぶです」（原文はスペースなし）

一文字ずつだったらマッチングなどで答えられても、五〇音表となると見るのが困難になること、そして2スイッチワープロなら音を聞いてやれるので簡単だということ、スイッチ操作に関係ない左手は勝手に動いているということなどが、きちんと書かれてました。

そして、柚月さんの場合も、板橋望美さんのように、パソコンで入力している際、文章とは別の簡単な言葉を口にしながら複雑な思いを綴っており、口で表現されていることもまたほんとうの柚月さんの思いを示しているわけではなかったということも明らかになったのでした。

町田市障害者青年学級で、寺本勝浩さん

柚月さんと2スイッチワープロによる関わり合いを始めていた頃、同様のことが町田市障害者青年学級の場でも起こりました。障害者青年学級とは、障害のある方々が学校卒業後に学ぶ場として開かれている社会教育活動の場ですが、私は一九八一（昭和五六）年からスタッフをやっていました。この青年学級には障害の重い方々もたくさん参加していたのですが、なかなかコミュニケーションの手段としてパソコンをこの場に持ち込めずにいました。しかし、援助のスピードが上がってきたこともあって、二〇〇八（平成二〇）年の七月に重度の肢体不自由で意思表示ができない方々の気持ちを聞くためにパソコンを導入してみたところ、数名の方々の気持ちを聞くことができました。

すると、同年の一一月二日のことですが、若いスタッフが突然、限られた数の一語文を話す寺本《てらもと》勝浩《かつひろ》さんを私の前に連れてきて、この人の気持ちをそのパソコンで聞いてほしいと言い出したのです。正直なところ私は大変躊躇しました。すでに柚月さんの気持ちは聞いていたのですが、まだよくその意味がわかっていない段階だったからです。勝浩さんには特に体にマヒなどもありませんから、

発せられている限られた一語文がその人の認識の世界を反映しているとずっと思っていたのです。

ただ、そういう若者の感性に従うほうがよいということは、いろいろな過去の経験から知っていたので、そのままスライド式のスイッチを提示してみました。すると、本人の運動ではうまく選択できませんでしたが、手を添えて一緒にスイッチを動かす方法を行ってみると、確実に合図が返ってきて、文章が綴られていきました。しかも、ときおり次に選ぶ文字をあらかじめ指差したりすることも起こったのです。また、寺本さんははっきりとした肯定の意思表示のできる方なので、これはあなたの気持ちですかと確認すると力強くうなずいたのでした。緩名さんを通じて私はすべての障害の重い人たちに言葉の可能性を考えると公言していたはずなのに、若者の純粋な感性にはとうてい及びえなかったのです。

「なぜぼくができるとわかったの　はらこさん（若いスタッフ）はどうしてゆってくれたの　びっくりしました　わかって　あなにいたきもち（中略）ふしぎです　じぶんにもことばがかけることがどうしてわかったの　のぞんでいました　じぶんのきもちをいうことを（字は）がっこうでおぼえました　ひとりでおぼえました　しばたさんといっしょになにかやりたい　なにができるかとてもたのしみです（中略）かんがえたことがすらすらことばになっていきます　いきぶんです　おかあさんにつたえてください　ぼくがてではなしができたことを（私がここで謝ったことに対して）しかたありません　そんなふうにしかみえないですから（中略）のぞみは

すてきなひとといっしょにくらすことです　けっこんしてくれるひとがみつかるまでがんばりたいです　よくかけてうれしい　またよろしく」（原文はスペースなし）

盲重複障害の栗山翔太さんの叫び

ところで、かりんくらぶのメンバーの中に一人、盲重複障害と呼ばれる栗山翔太《くりやましょうた》さんがいました。翔太さんはすでに点字の勉強もしていて、点字タイプライターで毎日一行日記を書いたりしているのですが、読むほうになると、木にリベットをさして作ったリベット点字なら点字より大きくて突起もはっきりしているためかなり読めるものの、普通の点字はなかなか困難という状況でした。また、詩を覚えることが好きだったり、ピアノも上手です。

その彼にあえて2スイッチワープロを試みることにしたのは、前述してきたような二〇〇八（平成二〇）年の秋に起きているさまざまなできごとの中で、翔太さんにも表面上の言葉の世界とは別の豊かな内面があるという可能性を考えないことのほうが不自然に思われたからです。かりんくらぶのメンバーの中では、柚月さんが気持ちを綴った段階で、翔太さんだけが取り残されることになってしまいました。ただし、点字をやっている翔太さんには、いわゆる晴眼者のひらがなは別世界のものになります。だから、音声のみを手がかりにして2スイッチワープロを行わざるをえませんでした。

実際に取り組んだのは、同年一二月一二日でした。スライド式のスイッチで、翔太さんにはじっと取っ手を持っていてとお願いして、私がスイッチの台のほうを動かす方法で取り組んでみると、翔太さんは別のことを言いながら、確かに力を入れて合図を送ってくるのです。そして画面上には文字が並んでいきました。

なお、この日、翔太さんに用意したソフトは、濁音や拗音、長音等について点字に特有な表記に対応させたものでした。例えば、「しょ」を綴る場合、通常は「し」「よ」「小文字」と選ぶわけですが、点字のルールに合わせると「拗音」「そ」となります。実際にやってみると、音で十分らしく、全盲であるという条件は特に問題にはなりませんでした。最初に翔太さんの綴った文章は、以下の通りです。さすがに濁音や拗音等の特殊表記にかかわるまちがいが見られますが、しっかりとした文章です。

「くりやましょそーた　きもちいいしてみたかった　きもちがいいたい　ゆずちゃん　くりやましょーた　きもちいい　つらかったです　じのきもち　ちいさいとうきからじのきもちをつたえたかっつた　いいきもち　きもちをいいたかった　あや　いいきもち　にんだからいいたいことかあります　くるしかったいいたいことをいえなくて　きもちいい　きもちいい　いきているひがのぞみにみちていることをのぞみます　じのきもちがいいたい　じのきもちがいいたい　ひ　きもちをつたえたい　まいにち　いちこーにっきをつけています　いいきもちゆつきち　くりやましょーた　じのきもちをつたえたい　しふんのきもちをつたえたい　にん

だから　いいきもち　じぶんのき　しふんのきもちをつたえたい　いいきもち　しふんのきもちをつたえた　ちいさいときからきもちをつたえたかった　やさしいからすき　みらいにむかってがんばりたいきもちいい　きあちいい　むつかしい　がんばりたいけでむずかしい　いいきもち　きもち　いいたいは　さかさことはしたい　おわりますしはないいいきもち　りかいして　いみりかいしています　ちいさいときからつらかった　ひ　きもち」（原文はスペースなし）

「じぶん」や、「にんげん」という言葉がなかなかうまく綴れずに苦労していますが、気持ちを伝えたかったということが、叫びのように表現されていました。

なお、ワープロソフトを操作する上で、点字の表記のルールはかえって煩雑になるので、二度目以降は、ひらがな表記のルールを説明して、通常のソフトにしたところ、すんなりとひらがな表記のルールのソフトを抵抗なく使えるようになりました。

なお、二〇〇九（平成二一）年四月の文章に次のような一節があります。どうして他のことを話しながら書けるのかを尋ねたときの答えです。

「くちわかってにうごいているだけです」（原文のまま）

板橋望美さんや伊藤柚月さんも、同じようなことを言っていました。滔々《とうとう》と島崎藤村の「初恋」

や百人一首の歌を暗唱する翔太さんだから、発声にもハンディのある板橋望美さんや伊藤柚月さんとは違いがありますが、思うように気持ちが話せていないことと、自分のコントロールの範囲を超えて勝手に出てしまう言葉があることは、共通でした。

また、同年一〇月には、亡くなった緩名さんのことについて語っています。おじいちゃんが亡くなられたことについて書いたあと、緩名さんの話になったことを受けたものです。緩名さんが亡くなられたとき、翔太さんにも気持ちを口頭で聞こうとしたのですが、返事はなく、声を出すことのなかった緩名さんの存在は、翔太さんには感じられていなかったのでは、と思ってしまったのでした。翔太さんには、こうした失礼なことをどれだけしてきたかわかりません。

「じいじを忘れることはできません。もっと長生きをしてほしかったです。忘れられないけれど望みは天国ではしあわせにしていてほしいと思います。緩名さんのことは覚えています。よい子でした。もっと長生きしてほしかったです。ふだんからぼくは知っていましたが直接触れあったことがないのでよく知っているわけではありません。望みは緩名さんの遺志をついでこのやりかたを世の中の人が理解してくれることです。緩名さんはとても障害が重かったけどそれにも負けないでこの方法を望みながら亡くなったのでこの方法で気持ちをもっと言いたかったかたのだと思いますので、ぼくたちはそれを大切にしていきたいです。この方法を広めてください。」（原文はひらがな、句読点なし）

●自閉症の人たちとの関わり

春の子会

このような展開の中で、さらに自閉症と呼ばれる人たちに対しても関わる場面が出てきました。これは、直接には、自閉症の作家として知られるようになった東田直樹《ひがしだなおき》さんの講演会を、二〇〇八（平成二〇）年一一月一六日に聞いたことが大きなきっかけでした。

自閉症という障害がありながら、自分の気持ちを語る東田直樹さんのNHKのドキュメンタリー映像を目にしたのは、二〇〇七（平成一九）年二月のことです。強い感動と衝撃を受け、大急ぎで出版されていた彼の本を買い求め、むさぼるように読みました（東田、二〇〇四、二〇〇五、二〇〇七）。自閉症に関する私の理解は根底から覆されるとともに、自閉症と呼ばれる人たちの心を理解する通路が開けたことに大きな喜びを覚えたのです。しかし、私が目の前にしている自閉症と呼ばれる人たちがすぐに気持ちを表現できるというようには思いは及ばず、自分の目の前にいる自閉症と呼ばれる人たちに対しては、声かけの仕方などの関わり方を少しずつ変えていったりしたものの、気持ちを聞くということにはなりませんでした。

東田直樹さんは、幼少期に援助による筆談によって気持ちの表出を始めました。そして、その後、母親の美紀さんとの地道な試行錯誤を通して、パソコンのアルファベットのキーボード配列の文字盤や実際のパソコンのキーボードを使ってローマ字で言葉を表現する方法を修得したのです。この文字盤やキーボードを用いる方法も当初は、母親に手を添えられるところから始まったものでしたが、しだいに独力で行えるようになっていきました。

以前から、援助による筆談によって意思表示ができる自閉症の子どもの存在は知られていました。しかし、残念ながら私は、この東田さんの登場まで、そうした事実を真っ正面から見つめることはできなかったのです。そうした筆談の方法を疑っていたわけではありませんでしたが、どこかで私が出会っている自閉症の人たちとはタイプの違う人たちの話なのだろうと思っていたのです。

そうこうしているうちに、じかに東田さんの姿に接する機会が訪れました。NHKの報道から一年半後の二〇〇八（平成二〇）年一一月一六日、東田直樹さんの講演会が開かれたのです。そこでわかったことは、東田さんが特別な存在ではなく、私が日々接している自閉症と呼ばれる方と違いがないということと、気持ちを伝えられないことがどれほどつらいことなのかということでした。

そしてこのとき、私が日常的に接している自閉症と呼ばれる人たちの気持ちを聞き取ることに挑戦しなくてはならないとの思いに強く駆られました。

しかし、東田直樹さんのやってきた方法である筆談や文字表のポインティングは私には未経験です。それでも、何かしないではいられない以上、さしあたり自分のスイッチの方法で挑戦してみる以外にありませんでした。それには、特別な肢体不自由のない柚月さんや青年学級の寺本さんとの直前の経験が一つの支えとなりました。

そうして同年一二月一三日を迎えました。翔太さんにパソコンを試みた翌日のことです。春の子会は、発足当時小学二年生だったYさんと小学三年生だった植村真《うえむらしん》さんの二人の少年と関わり合いを持つ場として始まったものでしたが、すでに二人とも二〇歳を過ぎていました。

Yさんは、重度の自閉症と呼ばれており、音声言語の表出はなく、椅子に長く座ることもむずかしくて、部屋の中をひんぱんに歩き回っていました。スイッチの操作に関わるような教材についてはは操作することができましたが、形の弁別の教材になると、確実に理解していることが伝わってくる行動をとることはむずかしく、うまくいくことはあっても、なかなか行動が安定しませんでした。ただ、確実な反応は得られなくても、少しずつ学習の中にひらがなの弁別の学習を組み入れるようにして、高等部を卒業する頃までに、名前の文字のマッチングのような課題を出すと、見本の文字のところにかな文字の積み木などを持っていくような行動も見られるようになっていきました。

真さんは、自傷が激しいお子さんで、幼少期に始まった顔をこぶしで叩く自傷がすでに小学部に入る頃には習慣化していました。音声言語の表出はありませんでしたが、歩行も可能で、好きなものに手を伸ばすことなどで、意思を伝えることができていました。しかし、学習の場面では手を出すことに抵抗があり、手を使う学習はなかなかむずかしかったものの、やはり、高等部の卒業の頃までに同じ絵同士のマッチングのような課題をやるようになっていました。

ところで、東田さんの講演会の直前の関わり合いにあたる一一月八日、私は、Yさんに、タッチパネルのディスプレイで五〇音表のソフトを出し、一緒に手を持って五〇音表の文字を指差して、いくつかの単語を綴ることを試みました。このとき、何か見通しがあったわけではなく、長い間続けてきたひらがなの学習がなかなか先に進まない中、言葉の可能性を探るための窮余の一策のようなものでした。このとき綴った文字は以下です。

「おかあさんおとうさんひらのせんせいたまごだいすきくるまおしまいまたね」（原文のまま）

単語はYさんが気に入ると思われる単語をこちらが選んだもので、「○○を書こう」と言ってその文字に手を導きました。ふだん手を添えられてもすんなりと応じてくることのないYさんが、笑顔を浮かべて応じてきたことが、彼の文字への興味をうかがわせました。

そして、一二月一三日の関わり合いとなります。Yさんは、文字で単語を綴ることに確実に興味を持っているということに加えて、東田さんの講演会のことがあったので、なんとかしてYさんの気持ちを書いてもらうことに挑戦しようと考えたわけですが、この日は、Yさんの前に、自分の顔を叩いてしまう自傷行為の激しい真さんとの関わりがありました。真さんは、重度の知的障害ということで自閉症と呼ばれているわけではありませんが、言葉やサインでの意思表示が困難であるということにおいて、二人の関わり合いに区別を設けていたわけではありませんでしたから、真さんにも同じ関わりを行うのは、当然の成り行きでした。

真さんには、それまでの経緯から二つのプッシュ式スイッチでワープロ操作をすることにしました。右手をとって行や行内の文字を送る操作を一緒にくり返していくと、確かな反応が合図として返ってきたので、そのまま続けていくと「うえむらしん　うれしい　きすしたい」（原文はスペースなし）という文字が綴られたのですが、しだいに手の動きが顔を叩く動きに変わっていきはじめ、顔に向かう力はどんどん強くなっていきました。見方によれば、いやがっているようにも見えるのですが、確実に合図は送られてくるので、拒否ではないと思いました。そこで、急遽思いついたのは、体の揺れを使ってスイッチ操作を行ってもらうことでした。具体的には、椅子に座っている彼の右手の上腕部にスイッチを軽く押しつけたり離したりしてみたのです。

これは、手の操作というものが上体の揺れと一体になって起こっているので、手そのものの動きでなくても、手と一体化して動いている上体の動きが拾えることができれば、同じであるということがわかっていたからです。実際にそれを行ってみると、選択したいところで、ほんのわずかながらスイッチによりかかるような動きを起こしてきて、行や文字が確実に選ばれていきました。

「きもちがつたえたかった　かあさんいつもありがとう　いついつまでもげんきでね　きやすくきもちがいえてうれしい　きぶんがいい」（原文はスペースなし）

ここで、手はなぜいやなのかを尋ねたところ、「ていたいかんじがする」と答えがあり、続けて、なぜ手で自分の顔を叩くのかと尋ねると、「わからないかってにうごく」と答えが返ってきました。

長年にわたって、解けなかった疑問に突然答えが与えられた瞬間でした。

手を使えない理由の一つとして、触覚的な敏感さがあること、自傷行為が意図的なコントロールを超えて起こっている場合があることがわかったわけですが、これは自閉症と呼ばれる人たちを理解する上で大きな手がかりとなるものです。また、このとき、手以外の場所で行ったスイッチ操作の援助は、手をさわられることに抵抗のある方に対する援助の方法として、この後重要な方法となっていきましたし、わざわざ手を取るよりも腕や肩にスイッチを押しあてるほうが相手も私も楽なので、最近は頻繁に使うようになったものです。

真さんに対して気持ちを聞き取ることができたので、Yさんに対して、もはや迷いはありませんでした。

Yさんは、真さんほど手を使うことに抵抗を感じているわけではないので、スライド式のスイッチで行いました。しかしこの頃、手を服の中にしまい込むことが多く、このときも手をいったん服の中にしまい込んでいたのですが、スイッチを見ると手を出してきて取っ手をつかんできました。それで、こちらがスライド式スイッチの台のほうを動かして、スイッチのオンとオフがくり返されるように往復運動を作ると、選択したいところで手に力を入れて、スイッチが入りっぱなしになるようにしてきたので、そのまま文章を綴っていきました。手を頻繁に服の中にしまっては出したり、あるいは、部屋の中を移動したりしていたのですが、一時間かけて次のような文章が綴られました。

「きもちがつたえたい　きもちがいいたい　いうことがいえたらいい　しりたいきもちがあるの　おもしろいなぜわかるの　しんじられないきぶんがいい　じがかけるなんておもわなかった　うれしい　いい　できる　いいきもち　きもちがけいかいになる」（原文はスペースなし）

書かれた言葉は、率直な気持ちの表れで、わかりにくい単語もありませんでした。ただ、最後の「けいかいになる」については、「けいかい」という単語が書かれても、まだ、それが「軽快」の意味であることはわからず、「けいかいになる」と書かれてようやくその意味が伝わってきました。私がこの文章はまぎれもなく本人が書いていると実感できたのは、この瞬間でした。私にとって、意味がスムーズに伝わってくるときは、本人が選んでいる実感が薄れることがあるのですが、こうした意味がつかめないまま綴られた言葉の意味がわかるとき、まさしく本人の言葉であることの確信がよみがえってくるのです。

初めて気持ちを綴った日から約一か月後、再びYさんとお会いしました。最初の言葉はまず、「いいきもち　きもちをいいたかったけどいえなくてこまっていた　きぶんがいいです　きもちがいいたかった」（原文はスペースなし）というように、気持ちを表現できることの喜びを率直に語ったものでしたが、さらに、「おとうさんいつもありがとうございます　しごといつもおつかれさまたいへんですね　がんばってください　おかあさん　いつもありがとうございます　からだにきをつけてください　しんぱいしています」（原文はスペースなし）という両親への感謝の気持ちや健康への配慮といった言葉が続きました。

そうした気持ちの表現が一区切りついたところで、今度はこちらからいくつか質問をさせてもらいました。まず、なぜ手を服の中にしまってしまうのかという質問については、「かってにてがうごくのをとめるためです」という言葉が返ってきたので、それはいつごろからなのかと尋ねると、「こうとうぶからとくにとめられなくなった」という答えでした。高等部時代、勝手に動いてしまう手を止めるために、服に手を入れるということが始まっていたということになりますが、確かにそういう行動が現れたのは高等部の頃だったように思います。

次に、文字をいつ覚えたのかと尋ねると、「こどものときにおもちゃのつみきでおぼえた」という答えでした。私たちは文字の弁別学習をずっと継続してきていましたが、実はすでに子どものときに覚えていたというのです。そして、ご両親の話では、幼児期に家に貼っていたひらがなの五〇音表をよく見ていたそうですが、Yさんがすでにひらがなを子どものときに覚えていたとは誰も思ってはいませんでした。

町田市障害者青年学級で、衛藤一樹さん

春の子会でのYさんと真さんとの関わり合いから八日後の二〇〇八（平成二〇）年一二月二一日、町田市障害者青年学級（一〇六頁参照）でも、自閉症と呼ばれる方の気持ちを聞くことになりました。この日はみんなで歌を作るための言葉を出し合っていたのですが、若いスタッフが衛藤《えとう》一樹《かずき》さんの

気持ちを聞いてほしいと言い出しました。春の子会の経験を経ているとはいえ、私には、一樹さんとのこれまでのおつきあいから、一樹さんが気持ちを綴るという予想をまったく持ちえていませんでした。

一樹さんは、ほとんど音声言語を発することはなく、椅子にじっと座っているのもむずかしく、部屋の中を自由に動いたり、ときには私たちの知らないうちに行方不明になってしまうこともあり、どこかの店で物を食べたりして警察に連絡があって発見されるということもある方です。紙を見ると破いてしまったり、トイレットペーパーをロールごとそのままトイレに流すなどの行動も見られ、一般的なルールの理解もむずかしいのではないかと私には思えていました。

私たちは、一樹さんの感じ方や行動を大切にしようと考えていたので、こうした行動もまずは受け入れることにして、どこかに行ってしまわないように行く手をさえぎったり、大事な紙が破られそうになると止めたりはしていましたが、最小限にとどめることにしていました。私は、一樹さんができるだけ思い通りに生きられることと、仲間とともにいる喜びを味わってもらいたいというようなことを願いながら、ひたすら寄り添おうとしていました。

だから、この日の若者からの申し出も、私にはためらいを感じるものでしたが、まっすぐな若者の感性を信頼することにしました。そして、おそるおそる一樹さんにスライド式のスイッチを出してみて一緒に手を動かしてみたのです。すると、すぐに「ちいさいときからはなしたかった　きもちをいいたかった　きいてくれてうれしい」（原文はスペースなし）と言葉が綴られました。そして、私は誰かと聞くと「しばた」と綴られます。今思えば当たり前のことなのですが、一樹さんが私の名前を知っていることさえ疑っていたのです。そしてさらに、「きいてくれてうれしい」と言葉が続きました。ここで、私は失礼を省みず、ふだんの彼の理解しにくい行動の一つである紙を破ってしまう行動の意味を尋ねました。すると「きもちをおちつかせるためです」と答えが返ってきました。そうした行動の目的が、そうしないと気持ちが落ちつかないというのは、それほど予想外の答えではありませんでしたが、そのことをこうして自分で説明できることが驚きでした。

そこでさらに、食事の際に私の食事などにも手を出してしまう理由も尋ねました。紙を破る行動も、他の人の食事をとってしまうことも、私はまずは受け止めていくようにしてきましたが、それはまた、ルールがわからないというように彼を理解することにつながっていたわけで、これだけ気持ちを表現できる以上、その理由を教えてもらわなければ一樹さんをよく理解することができないと感じたからです。そして、一樹さんの答えは、「じぶんのぶんがなくなるとてがでてしまってかなしい　ひとのしょくじにてをだしてしまってかなしい」（原文はスペースなし）というものでした。

私の食事をとることについて、もし私が家族や教育者の立場として関わっていたならば、その行動がどうやったら変わるかをもっと追求していたでしょう。しかし、成人に対して、社会教育の場で一援助者として接するとき、それは何よりもまず受け入れるべきものと考えてきたし、そういう行動をとる一樹さんを、ルールにしばられずに、言わば天真爛漫に生きているととらえていたのですが、なんと一樹さんは、そのことを「かなしい」ととらえていたのです。一樹さんに対して作り上げていたイメージがガラガラと音を立てるように崩れ去っていきました。

さらに、文字はいつ覚えたのかという質問に対して、「ちいさいときにおぼえた」と答えてから、

「にんげんとしてうまれてきていてもらいたいじぶんのきもち　いきていきたいじぶんのあしで　いきていきたいじぶんのめで　きぼうがわいてきた　じぶんのいしをつたえられて　いいにんげんになりたいけどかってにからだがうごいてしまうのでかなしい　ゆめはにんげんとしてきれいなきもちでいきてゆくことです」（原文はスペースなし）

と続きました。「かなしい」という思い以上に、人間としていかに生きていくかということを希望とともに見つめていることも明らかとなるとともに、私たちが一樹さんの自発的な意思に基づく行動ととらえていたものが、実は、意図に反して勝手に体が動いてしまっているものだということが明らかになったのです。それは、都合のよい言い訳のように聞こえるかもしれません。しかし、一樹さんの行動をこのように解釈すれば、しっかりとした気持ちを表現する一樹さんの姿と、こうした行動とが一人の人間の中で矛盾なく共存することができると思われたのです。

援助のさらなる飛躍 ―― 手を振ってかすかな力を読み取る方法

井上神恵さんと偶然発見した新しい方法

スイッチを操作する手を一緒に動かすというやり方を通して、対象が一気に広がった二〇〇八（平成二〇）年は、私にとって大きな節目の年となりましたが、その年末にもう一つ新しい展開が生まれました。それは、重複障害教育研究所でお会いしている井上《いのうえ》神恵《かくい》さんとの間で起こったことです。この研究所は、一九七五（昭和五〇）年に中島昭美先生が財団法人として設立したもので、現在は公益財団法人となっています。

神恵さんとは五歳のときから関わってきたのですが、神恵さんにも豊かな言葉の世界があることを確認できたのは、二〇〇八（平成二〇）年の六月のこと。神恵さんは、すでに二七歳になっていました。寝たきりで未熟児網膜症という障害も併せ持っていた神恵さんでしたが、手の動きは活発でしたので、体を起こす取り組みとともに、手の動きを広げるためのさまざまな教材に挑戦してきました。その神恵さんが初めて言葉を綴った六月というのは、Aさんが、自発的な運動ではなく、一緒に手を動かしてスイッチを操作する方法で文字を綴った直後の関わり合いということになります（Aさんについては九九頁参照）。

回数を問わないスイッチ操作だけならいくらでもこなせる神恵さんでしたが、自発的な運動ではなかなか適切な回数だけスイッチを操作することが困難であったので、この日まで何度か2スイッチワープロを試みたのですが、はかばかしい成果は上がっていませんでした。しかも、神恵さんは未熟児網膜症だから文字は見えないということが前提だったので、よりいっそうむずかしさはあるだろうと考えていたのです。

しかしこの日、一緒にスイッチ操作をすることにより初めて文字を綴ることができました。「ちいさいころからはな」がそれでした。ここまで書いて、感動のあまり神恵さんは泣き出してしまったのですが、そのときは感動の涙だとは気づかずに、何かいやなことがあるのだろうと、そこで中断してしまいました。「小さいころから話したかった」と書こうとしたのだと確認したのは何日ものちのことでした。

翌月以降の関わり合いで、神恵さんは、目はもちろん見えにくいが近くなら見えていて、文字は漢字だって知っていることなどを教えてくれました。九月の文章には、次の一節があります。

「じはじぶんでおぼえました。えほんでおぼえました。きになることばがあるとくりかえしお

もいだしていました。けっこうたいへんでしたががんばっておぼえました。」（原文のまま）

弱視というハンディと、字を自由に自分で目の前に近づけて見ることができないという制約の中で懸命にがんばってきたことが痛いほど伝わってきます。障害の重い子どもたちがいったいいつどうやって文字を覚えたのかという疑問に対する答えがここにあります。

その神恵さんのお宅に年の瀬も押しせまった一二月三〇日におじゃましまして、お酒をいただいていたときのことです。お父さんと私の傍らにずっと横になってニコニコと話を聞いている神恵さんに、パソコンをわざわざ出すのは面倒だったので、スイッチを手に代え、パソコンの代わりに声を出して気持ちを聞いてみようと思ったのです。酔った上でのとっさの思いつきでしたが、確実に選びたい行や文字のところで私の手を引っ張るような合図が返ってきたのです。書き取らないと消え去ってしまいますが、機器が何もなくても相手の気持ちを聞き取れるというのは、革命的なことでした。

そのとき同行していた妻が書き取った文章は以下の通りです。まず、初めに体調のすぐれないお母さんへの言葉です。

「疲れている、すみません、私のことで。いつも疲労してしまって入院しないで元気でいてほしい。」（原文はひらがな、句読点なし）

そして、気持ちが次々とあふれ出していきます。

「四面楚歌の状況かもしれないけど、逃げないでがんばりましょう。うれしい、手だけで話ができて。願いがかなうとは思わなかった。おねだりしよって思わなかったけど、書きたかった。小さい願いだけど、言いたいことがあります。いつまでもお母さんには元気でいてほしい。意思が言えてよかった。」（原文はひらがな、句読点なし）

そして、眠ってしまわれていたお父さんへも、一言お願いしました。

「元気でいつまでも働いてください。」（原文はひらがな、句読点なし）

こうして、新しい展開がたくさん噴き出すようにして生まれた二〇〇八（平成二〇）年は暮れていきました。なお、神恵さんの言葉については私の前著（柴田、二〇一二）でも紹介してあります。

手を振ってかすかな力を読み取る方法へ

神恵さんと偶然発見した手と声だけで行う方法は、それまでなかなかスイッチで長い文章を聞き取れずにいた中学生のGさんに大きな威力を発揮しました。

Gさんと初めて関わり合いを持ったのは二〇〇八（平成二〇）年の一月のことでした。

長い間入院しているGさんは、全身の動きはほとんどなく、ずっと横になったままでした。このような状態でも、体を起こせば、姿勢を保とうとする動きの中から自発的な首の運動が始まったり、肩から下に垂れ下がるようになった手がかすかに自発的運動を始めることを経験的に知っていましたが、体の状態の問題から起こすことができず、自発的な運動を見出すことがまったくできませんでした。それでも、お母さんは、ピクピクとけいれんのように動く唇の動きの中に「はい」の合図を読み取っていました。私にはどうしてもそれを読み取ることはできなかったのですが、なんとか気持ちを文字で表現できるようにと試行錯誤を続けていました。

スイッチ操作の可能な自発的な運動は見つからないので、スイッチを一緒に動かす方法以外には道はありませんでしたから、Gさんの右手に軽くスライド式スイッチの取っ手を引っかけるように握らせて、その右手を私が包みこむようにして下から支え、体の中心に向かう方向に一緒にスイッチを押していくと、選択したいところで私の手をほんのわずか押すような動きが体の外側に向かう方向に起こってきます。一方、お母さんは彼女の口元の合図を読み取っていて、そばにいたGさんの担任の先生はベッドサイドの器械で心拍の数値の変化を見ており、私とお母さんと先生の判断が一致すると、それが選択ということにしました。息をのむような共同作業をひたすら続けていたのですが、回を重ねていくうちに、押してくるときに加わるかすかな力が、もわっとした温かい感じとして受け取れるようになってきたのです。

そんな関わり合いを続けながら二〇〇九（平成二一）年一月の関わり合いの日を迎えたのですが、この日は、ついひと月前に井上神恵さんと偶然見つけた方法を試してみようと思い立ったのです。スイッチを使っているときも、結局はGさんの手から伝わってくるもわっとした温かいような感触が手がかりでしたから、スイッチがなくても同じことだと考えたからです。そして、実際に「あかさたな…」と声を出しながらGさんの手を下から包み込むように支え、声に合わせて上下に動かしてみると、なんと、かすかな力が合図として的確に伝わってくるではありませんか。しかも、スイッチのときと比べると、タイミングも的確なので、スピードも上げることができ、一気に文字数が増えたのです。

ただ、力としてはほんとうにかすかで、もわっとした感じと一緒にかすかに手が重くなるように感じられるもので、神恵さんがはっきりと力を入れて合図をしてきたのとは質が違うものでした。おそらく一年間の試行錯誤の中で、触覚的に育ったものがあるのでしょう。のちに担任の先生も感じ取れるようになったのですが、先生は、私の「もわっとした」感じではなく、かすかに「びりびり」と電気が走るような感覚があるとおっしゃっています。

中途障害の方との関わり合い

「一生植物状態」と診断された宮田俊也さん

二〇〇九（平成二一）年八月一九日、私は宮田俊也《みやたとしや》さんの病室を訪れました。宮田さんは、特別支援学校の教師でしたが、その年の二月、脳幹出血で倒れて闘病中でした。かつての同僚で、毎日、宮田さんのもとに看病のため通っていた山元加津子さんが次のように記しています。

「子供たちから宮ぷーと慕われていた同僚の宮田俊也さんが脳幹出血で倒れたのは2009年の2月20日のことでした。宮ぷーは、その5年ほど前から方向音痴な私を講演会場所へ連れて行ってくれたり、パソコンを教えてくれたりと私の活動を支えつづけてくれていました。

倒れた宮ぷーはとても重篤な状態で『一生植物状態で、一生四肢麻痺です』という診断でした。けれど、宮ぷーのそばにいることのできる家族は、当時赤ちゃんを生んだばかりの妹さんがおられただけでした。それで、私は宮ぷーと妹さんに、『毎日学校が終わったら病院に来るよ』と約束をしました。
特別支援学校で出会ったたくさんの子供たちが教えてくれたことは、人間は、そして特に脳はものすごい回復力を持っているということでした。そして、宮ぷーは全部聞こえているし、見えているし、わかっている。だから話しかけ続け、目から、耳から手や足から口から刺激を入れ続け、体を起こし続けることで、必ずよい変化を得られるのだということでした。」（「白雪姫プロジェクト」ホームページより）

こうした看病を続ける中で、山元さんは、体はまったく動かないように見えるものの、宮田さんは意識が戻っているらしいことに気づかれます。そして、何とかして気持ちを聞き取るための試行錯誤を続ける中、ご自身のネットワークを通じて、宮田さんの気持ちを聞き取る方法を持っている人はいないか探されたのです。

その呼びかけに気づいたのは、東京都の特別支援学校の野村耕司さんでした。東京水産大学で中島先生の教え子だった野村さんは、私とは三〇年来のおつきあいで、私の実践もよくご存じでしたから、すぐに山元さんに連絡をとったのです。ほどなく山元さんから私にメールが届き、病院にうかがうこととなりました。

ベッドに横たわっている宮田さんに意識があるのかどうか、会ったばかりの私にはわかるはずもありませんでしたし、私の目にはそのままでは意識はないように映りました。ただ、私は、そうした自分の目はもうまったく信じないことにしていましたし、山元さんが意識があると感じているのだから、私にはそれだけで十分でした。ただ、それにしても、まったく動くところが見当たりません。これは、もう井上神恵さんと見つけGさんと発展させた「手を振ってかすかな力を読み取る方法」を使う以外にないと思いました。すでに紹介したように、その年の一月に見つけたばかりの方法でした（一二六頁参照）。

実際に宮田さんの右手の甲を下から支えて上げ下げしながら「あかさたな…」と声を出していくと、Gさんのときと同じようにかすかに重みを感じるところがあり、それにしたがって音を選んでいくと、宮田さんの言葉がすらすらと現れてきたのです。

「素敵なやり方ですね。不思議です。考えただけで勇気が出てきました。面倒をかけて申し訳ありません。理解してもらえてすごくうれしいです。夢のようです。見たこともないやり方ですね。誰が考えたのですか。見つけたのは誰ですか。もっと広がったらいいですね。理解してくれてうれしいです。」（原文はひらがな、句読点なし）

次に、パソコンを出してみました。山元さんにいろいろな方法をお伝えしたかったからです。方法はやはり宮田さんの手を下から支えて上げ下げするのですが、私の手の下にスイッチを置いておき、その上下の動きでスイッチが入ったり切れたりするようにしてありました。そして綴られた言葉です。

「信じられませんが、願いがかなって感激しています。みんなに感謝の気持ちでいっぱいです。憎しみとか悪い気持ちを小さいときから持ってきましたが、僕はようやく、そんな気持ちから自由になることができました。未来のことはわかりませんが、理解されることをたよりにがんばりたいと思います。」（原文はひらがな、句読点なし）

再び、手と声だけで気持ちを聞いていきました。以下は、「気になることはない？」という山元さんの問いかけに対する答えです。

「特にありませんが、少し気になっているのは学校のことです。人間としての輪を大切にしてもらいたいと子どもたちに伝えてもらえたらうれしい。よい子どもたちばかりですから、願いを伝えたいです。きっとまた会えると思うので、待っていてくださいと伝えてください。よろしくお願いします。勇気を持って生きていきますので、みんなも頑張ってください。特に理解してほしいことは、勇気を忘れないということ。勇気を忘れなければ。私もきっと私らしく生きていけると思いますので、みんなもみんならしく生きてもらいたいです。私も私らしさを大切に生きていきたいと思います。」（原文はひらがな、句読点なし）

特別支援学校の生徒さんたちのことは、とても気がかりだったことでしょう。みずから大変な状況にありながら、生徒さんたちを勇気づけようとなさっていましたが、それは、またご自身をも鼓舞しようとなさっていたのでしょう。

この一週間後、宮田さんは首が動きはじめました。そして、独力でレッツチャット（一二二頁参照）を使って気持ちを綴ることができるようになったのです。

山元さんと宮田さんの歩みは、その後、大きな展開を遂げていきました。宮田さんの日々の様子がメールマガジンで配信されるようになり、多くの方が宮田さんの歩みに励まされるようになったのです。そして、山元さんが毎日病院に通い続けてリハビリを続けた結果、しだいにめざましい回復を遂げるようになりました。

その四年間の歩みは、岩崎靖子監督の手で『僕のうしろに道はできる〜奇跡が奇跡でなくなる日に向かって〜』というドキュメンタリー映画にまとめられ、全国で上映会が続けられています。

若年性アルツハイマー病の女性との出会い

宮田さんとお会いして一年後、二〇一〇（平成二二）年の夏、私は、毎年夏に訪問している北陸地方のある施設で、若年性アルツハイマー病の女性、Tさんにお会いしました。

Tさんは、体にはどこにも障害はないことはわかるのですが、自分からはほとんど動くことができず、身を固くしてじっとなさっていました。職員さんは、ほとんど身の回りのことができなくなったTさんの気持ちに添った関わりがどうやったらできるかを知りたくて私のところにお連れになったのでした。

私は、こうした状態の方にお会いするのは初めてのことでしたが、ともかくパソコンを出してみることにしました。そして、彼女の手をとってスイッチを一緒に動かす方法で文字を選んでいくと、すらすら文章が綴られていったのです。

「いい器械ですね。ぎちぎちとしめつけられるような気持ちですが、人間として認められたような気分です。地域の生活を理想としていますが、なかなかむずかしいです。小さい冒険だけど、みんなでわたしの家に行ってみたいです。私の家は留守番の人もいなくて私の帰りを待っています。夢によく出てきますが、私の家は今どうなっているのでしょうか。理解できなくなって家にいられなくなって悲しいですが、泣くこともできなくなってしまいましたからさびしいです。理解するのがむずかしいのは環境の認知などです。困っています。時々何を言われているのかわからなくなります。困っています。したいことがなんだかわからなくなります。理解していても話せなくて困っています。はい、なかなか話せないですが、よくわかっています。記憶も、なかなかむずかしいですが、何とかなっています。」（原文はひらがな）

ご自分の症状についてもよく説明ができていて、なるほどと思わせるものでした。

ここで、五〇音表を出してみることにしました。自分の名前の文字を指差すようにお願いすると、指があいうえお、かきくけこ…とすーっと流れるようにたどっていくのですが、指差すことができずにいましたので、そこに手を添えてみました。すると名前を指差すことができたのです。そこで、今どういう感じだったのかを尋ねてみたところ、パソコンで次のような返事が返ってきました。

「はい、文字盤はむずかしいけど、なぜ指差せたのでしょう。」(原文はひらがな)

さらに、今度は、ペンを握ってもらって手を添えると、名前の漢字が一文字書けましたので、これも感想を尋ねたところ、パソコンで次のような返事がありました。

「はい。はい、とても不思議でした。なんで書けたのですか。」(原文はひらがな)

また、ここで、私が紙に「店」と「家」と大きな字で間をあけて左右に書いて、行きたいところはどちらですかと尋ねると、ひとりで「家」を指差しました。これも感想を尋ねると、パソコンで次のような返事がかえってきました。

「大好きな私の家に行きたい。(中略)不思議です。もうわからなくなったと思っていましたから感激です。なぜ読めたのか不思議ですが読めました。私はもうだめかと思っていたので、とてもうれしいです。私をよく理解してくれて、ありがとうございました。悩みが晴れました。どうもありがとうございました。」（原文はひらがな）

こうした関わり合いからわかったことは、見かけ上できなくなったことは、すべてが失われているのではないということと、まったくコミュニケーションができなくなっていたけれども、内面にはきちんとした言葉があったのだということです。

この関わり合いから私はたくさんのことを学んだのですが、まず、なぜ手を添えると文字盤を指差せたのかということについて、仮説的に考えたことを述べたいと思います。

最初に文字盤を出したときの流れるような指の動きは大変印象的でした。もしこれが枠に沿って指をたどらせるという課題だったら、みごとな動きということになります。しかし、彼女の動きは、あたかも枠の中の文字はまったく見えていないかのような動きだったのです。それが、手を添えるとなぜ文字を指差すことができたのでしょうか。

まず、うまく文字を指差せたプロセスについてこう考えることができます。すなわち、一緒に手を添えて私が手を動かしはじめると、本人はその動きに合わせて目を指先のほうに向けることになります。すると、指先を中心にした狭い範囲の数文字が目に入ってきます。そこから私が指を移動していくと、その移動に伴って、目に入ってくる数文字も変わっていきます。このとき、自分の目的の文字が目に入ってくれれば、その文字に向かって何らかの動きが始まるので、その動きに任せておくか、その方向に一緒に手を伸ばしていけば、目的の文字が指差せるということになります。

この考えが合っていれば、なぜ指差せなかったかの理由は次のように推測できます。文字そのものの認知については別にして、まず、探すことが困難になっているということです。いっぺんに五〇音表の文字が目に飛び込んでくると、そこから上手に文字を探すのがむずかしいと考えられるのです。それが、手を添えられると、探す順序も探す範囲も助けを受けることができるので、探しやすくなるということです。

また、枠に沿ってなめらかに指を動かして五〇音表をたどっていく運動は、探し方としてはシステマティックなものなので、文字の認知ができていれば、自分で指差せるように思えるのですが、それがうまくいっていないということは、枠に沿った運動というものが自動化した素早い運動になってしまっているためにゆっくりと文字を確認することができていないという可能性が考えられます。

この枠に沿った運動が自動的に起こっているのであれば、手を添えることで、その動きをそっと止めていることにもなっていて、文字を指差す動きが出てくるのかもしれません。

なお、これは、枠の認知と文字の認知のレベルが違っているという仮定も前提にしていることになります。

この五〇音表の場合と漢字の二文字のうちの一文字を指差せたこととを比較すると、二文字の場合は、圧倒的に探しやすくなっているということが言えますし、枠に沿った動きのようなものが起こらずに、的確な指差しができているということにもなるでしょう。

ただ、文字の選択ができたにもかかわらず、そのことに本人が驚いているということは、ふだんはこういうこともむずかしくなっているという自覚があるということで、ここには、文字の認知自体がすでに何らかの困難をかかえていることが示されているのかもしれません。

また、文字が書けたことについては、感覚の面でも運動の面でも、独力で書くのに必要な力のうちのいくつかができなくなってしまっているために、独力では書けなくなっているけれども、手を添えることで、そのできなくなった部分を補うことができると考えられます。

少し、長い説明になってしまいましたが、体のどこにも障害があるようには見えないにもかかわらず、ほとんど自発的な動きを失ってしまったかに見える若年性アルツハイマーの方との関わり合いは、感覚の使い方や運動のコントロールをめぐって、大変大きな示唆を与えてくれるものでした。

なお、この方とは、毎年夏にこの施設でお会いしています。二〇一三（平成二五）年にはこんな文章を書いてくれました。

「今年も会えましたね。銀世界にいるようです。どうしてかというと、みんなが仲がよくて夢のようだからです。ここに来たばかりのときはどうなるかと思っていたけれど、みんないい人ばかりで感動の日々です。なぜ私の言葉が読み取れるのか不思議ですが、ほんとうにありがたいです。まさか私にまだ言葉が残っているなんて誰も気づかなかったのに、わかってもらえてほんとうに救われました。自分では何もできなくなりましたが、どんなにかどんなにか幸せです。字の勉強もさせていただいています。いいやり方ですね。手を添えられないとむずかしいのですか。私も練習したいです。勝手に手が出るのは当たっていますが、確かにだいぶ私は自分を制御できるようになりました。だけどなかなか自分一人では何もできません。どうしたら体を制御できますか。なぜ先生は私の言葉を信じられるのですか。だんだん何もできなくなるのが怖かったけど、悠々と過ごせるようになりました。ごんごんと喜びが湧いてきます。人生は不思議なものですね。ありがとうございました。また来年会いましょう。」（原文はひらがな）

栗原正篤さんとの出会い

中途障害の方々との出会いも、こうして少しずつ増えていったのですが、大きな転機を迎えたのは、二〇一二（平成二四）年の秋から二〇一三（平成二五）年の年明けにかけてお二人の方と出会ったことでした。埼玉県の栗原正篤《くりはらまさひろ》さんと富山県の中島基樹《なかしまもとき》さんです。

正篤さんとの出会いのきっかけは、宮田俊也さんの回復のプロセスを描いたドキュメンタリー映画の上映に合わせて作られた同名の本『僕のうしろに道はできる』（三五館、二〇一二年）の中で、紙屋克子先生の看護プログラムと黒岩恭子先生の口腔ケアを通して、著しい回復を見せた方として、正篤さんが紹介されていたことでした。紙屋克子先生は、札幌の脳神経外科の病棟の看護師長をなさっていた時代に、意識障害の方の取り組みがＮＨＫで取り上げられて有名になった方です。私もこのときの映像に大変感銘を受けて、私の大学の授業で一〇数年間ずっと紹介し続けてきました。紙屋先生は、その後も一貫して意識障害の方の取り組みを継続なさっていて、山元さんは、宮田さんのリハビリを行うにあたって、紙屋先生の看護プログラムに大きなヒントをいただいたのでした。また、黒岩先生は、歯科医の立場から長年にわたって口腔ケアに携わっていて、活動の範囲は全国に及ぶ方です。

最初に正篤さんにお会いしたのは、二〇一二（平成二四）年の一一月二九日のことです。正篤さんは、高校のサッカー部の練習中に熱中症になったのが原因で重い意識障害になったのですが、紙屋先生の看護プログラムとご家族の熱意とで、手を引いて歩くことができるまでに回復していました。しかし、まだ、気持ちを聞き取ることができていないのでした。

すでに立位もとれている正篤さんでしたから、手の動きも活発に起こっているのですが、その動きがいわゆる不随意運動を伴うもので、コントロールされた意図的な運動はなかなかむずかしいという状況にありました。

しかし、一緒に手を持ってスイッチを押していけば確実に合図は返ってきますので、パソコンで気持ちを書くことができました。

「（言葉は）ちゃんと理解できていましたが分相応に生きるしかないとあきらめていました。なぜ僕が言葉があるとわかったのですか。にんにんという言葉を自分に言い聞かせて生きてきましたがようやくこれでわかってもらえます。勇気が湧いてきました。小さいころは何をしても人間だから当たり前と思っていましたがみんなが働きはじめても何もできずにいてロボットの中に閉じ込められたような気持ちになっていました。だけどまた未来が開けそうです。昔のことばかり懐かしんでいましたがロロ（ゲームのキャラクターの名前。元々はバイキングの王様の名前）のように未来を目指すことにします。わかってくれるのは両親だけでしたがこれで理解されそうです。わざわざ来てくれてありがとうございました。もっと話したいですが一人でやれるようになりたいので練習させてください。」（原文はひらがな）

この日は、この文章の最後にもあるように、何とかご家族とできるように練習をしましたが、すぐにできるようにはなりませんでした。

それから一か月後の二〇一三（平成二五）年一月三日、再び正篤さんのお宅を訪問しました。この日うかがったのは、宮田さんのドキュメントリー映画が完成間近を迎えていて、そこに正篤さんの映像を入れたいという話があり、本人の気持ちが聞きたいというお母さんからのご依頼があったからです。さっそく彼は次のように綴りました。

「やっと会えましたね。だんだん群青色の気持ちがあせてきたので会いたかったです。長い間僕は謎だったのは、みんなは僕を見てもなぜ何もわからなくなったと思ったかということでしたが先生や山元先生は僕に意識があることを疑わなかったのかということです。なぜなのですか。（質問への私の答えに対し）よくわかりました。なぜなのかはわかりましたが、みんななぜそれを信じないのですか。人間はむずかしいですね。でも仕方ないですね。長い間の我慢にようやく報いが得られたのにどうも受け入れが悪いので少しあきらめかけていましたがまた元気が出てきました。わざわざ来ていただいたのに愚痴になって申し訳ありませんがわがままを言えばもっと頻繁に会いたいです。理想的なやり方なのでうれしいですがむずかしいのですか。」
（原文はひらがな）

せっかく言葉があることがわかってもらえたのに、なかなかそれが受け入れてもらえない焦りが表現されていました。

ここで、本題である映画のことを聞くことにしました。答えは次の通りです。

「いいよ。でも僕でいいのですか。日本中に僕のような人はたくさんいると思うけれどみんなに申し訳ないです。日本中というと大げさですがわずかな経験しかない僕でもいいのですか。（質問への私の答えに対し）わかりました。がんばりますが何となく恥ずかしいです。夢のようです。もう人生をあきらめかけていましたからでも希望が湧いてきました。地球上のすべての人

間に生きる意味があるなんて信じられなかったけれどほんとうなのですね。」（原文はひらがな）

その後、彼は、自分で作っている歌の歌詞を書いてくれました。

ぎらぎら光る太陽が僕を笑って過ぎてゆく
ぶかぶかのずぼんにつめこんだ僕の夢は消えないのに
小さい僕をぼろぼろの夜風が笑って過ぎてゆく
みんなが僕を忘れないように
僕はつぶれた帽子に息を吹きかけ旅に出る（原文はひらがな）

なお、この歌のメロディは、一文字ずつ手を振りながらドレミファソラシドと言い、それに合図を送ってもらうことによって、聞き取ることができました。

ところで、この日は、もう一つ目的がありました。それは、筆談の方法に挑戦することです（筆談の詳細については二一三頁参照）。私はこの頃までもっぱらパソコンとその延長線上の手を振ってかすかな力を読み取る方法を行っていたので、筆談はほとんどできていませんでしたが、同行した妻のほうは筆談に習熟していたので、妻の援助で筆談に挑戦しました。

妻が、彼の手にペンを握ってもらい、手を添えると、はっきりと文字が書かれ、そして、その場でお母さんができるようになったのです。これまで、幾度もご家族に筆談の方法をお伝えしてきたのですが、その場でできたのはこれが初めてのことでした。そして、映画には、リハビリによって手引き歩行が可能になった栗原さんの映像に加えて、筆談で思いを伝える姿が収められることになったのです。

このことを彼は次のように綴っています。

「字が書けるなんて思わなかったので驚きましたが僕はとても希望を感じました。だんだん人間らしい生活が戻ってくるようでうれしいですがわずかな未来が大きな未来に変わってきました。とんでもないくらいわいわいと騒ぎたい気分です。私たちにも可能性が大きく開けていることがわかりました。罪深いのは人間の可能性を信じないことなのですね。」(原文はひらがな)

なお、正篤さんの映像は、彼の高校時代のすばらしいエピソードの映像とともに収められています。彼が倒れたあとのサッカーの大会で、彼が応援に行った大切な試合をチームはＰＫ戦の末に勝ち抜いて、県大会で優勝し、全国大会に出場したのですが、それは、病気に倒れた正篤さんを思うチームメイトの気持ちによって勝ち取った勝利だったとのことでした。勝利した瞬間、観客席の正篤さんのところにかけよってきたチームメイトが正篤さんのために応援歌を歌う場面はほんとうに感動的なシーンとなっています。

こうしたチームメイトたちは、その後、正篤さんの意識が回復していると知るまでは、お見舞いに来ても当たり前に声をかけることをためらわざるをえなかったとのことでしたが、正篤さんの意識がすでに回復していることを知ってからは昔のように声をかけるようになり、中には筆談に挑戦する仲間も現れたとのことです。

中島基樹さんとの出会い

正篤さんのお宅を訪問して三日後の一月六日、私たちは、富山県の高岡市にお住まいの中島基樹さんのお宅を訪問しました。私が障害の重い子どもたちの言葉を聞き取る取り組みをしていることを知ったお母さんから、二〇一二（平成二四）年の一〇月にメールをいただいて、冬におじゃまするとをお約束していたのです。

基樹さんは、大学時代にサッカーの練習中に心臓が停止して、遷延性意識障害と呼ばれるようになったのですが、すでに三〇代を迎えていました。基樹さんもまた、紙屋先生の看護プログラムを自宅で実践されていました。

基樹さんは、お会いしてみると体の動きがわずかで、表情も目立った変化が見つけにくいので、意識がないと言われていたようですが、パソコンを出して、手をとって一緒にスイッチを押してみると、かすかな合図が返ってきました。最初に基樹さんが書いた文章は以下の通りです。

「どうしてわかるのですか。（私の返事に対し）わかりました。つらかったけれど私にもきちんとした意識があることがわかってもらえてうれしいです。小さい力で伝わるのがうそみたいですが、うれしいです。習うことはできますか。かあさん子離れさせずにごめんなさい。地域で生きたいのでとても感謝しています。夢のようですがミラクルですね。人間としての尊厳を取り戻せました。ミラクルですね。わずかの力でできるので驚きました。なつかしいです話せたころのことが。小さいころのことをよく思い出します。びんびんと目的が湧き上がってきます。僕のような状態でも生きる意味があることを世の中に伝えたいです。わかってほしいのは人間だから意思があるということです。人間だから願いがあります。地域で生きていきながら私はみんなと理想の世界を築きたいです。残念ながら地域にはまだ私たちのほんとうの居場所がありませんから望みはそれを作ることです。」（原文はひらがな）

そしてこの日、筆談にも挑戦しました。その日のうちにすらすらできたわけではなかったのですが、基樹さんの手の動きが確実にご両親にも伝わっていたので、ご両親も可能性をお感じになり、私たちが帰ったあとも練習を続けられ、数日後にはできるようになったとのことでした。

そして、このできごとは地元の北日本新聞で大きく取り上げられることになり、それがきっかけになって地元の民放テレビでも取り上げられたのです。

二〇一三（平成二五）年の八月二一日に再び基樹さんにお会いしました。すでに筆談で自由に思いを伝えていた基樹さんでしたが、パソコンでは、以下のような文章を綴りました。

「残念ながら自分では書けませんが気持ちをわかってもらえてから人生が変わりました。自分一人のためではなく、同じ状況にある人たちのために尽くしたいと思えるようになりました。自信はないけど輪になれる人たちに呼びかけられる人になりたいです。」（原文はひらがな）

また、この日の夜、中島さんのお宅で高校時代の仲間お二人を交えた夕食会が催されました。私は、手を振ってかすかな力を読み取る方法でご友人と基樹さんの間で会話のお手伝いをしたのですが、基樹さんの語る内容や口調が、昔の基樹さんそのものだということで、お二人は涙を流して感動していました。

なお、このあと基樹さんは、筆談の手法を絵画へと発展させました。限られた動きを巧みに使って描かれたその絵は、独自の様式を備えた大変個性的なもので、見る者に不思議な感動を与えます。そして二〇一四（平成二六）年四月、地元の画廊で個展を開くまでになったのです。

正篤さんと基樹さんとの関わりの中で、その場でご家族に筆談の方法を伝えることができたことは、大きな経験になりましたし、そのことが映画や新聞、テレビを通じて伝えられたことは、大きな反響を呼ぶことになりました。

私もそれから数多くの中途障害の方にお会いすることになったのですが、やはり、その中で何人もの方のご家族がその場で筆談ができるようになりました。

なぜ中途障害の方のほうがその場でできるようになりやすいかというと、二つの理由があるように思います。一つは、中途障害の方々の骨格や筋肉は、幼いときから障害のある方に比べてとてもしっかりしているように感じられます。だから、動かないとは言われていても、思った以上に的確な力が入ってくるように思われます。また、もう一つは、実際に無数に文字を書いてきたという過去の経験です。書字に必要な体の動きは、細部にわたって運動的な記憶として残っているのではないかということです。

ただし、誤解があってはいけないのですが、幼いときから障害のある方々も、文字は知っています。ただ、実際に書いた経験がほとんどないのです。頭の中にイメージした文字を運動にしていくのは、中途障害の方に比べれば圧倒的に経験が少ないため、意識的に運動を調整する必要があるということになるでしょう。

第二部　当事者活動への発展

重複障害教育研究会における試み

二〇〇八（平成二〇）年の夏から冬にかけた年をまたいだ半年あまりの時間は、すでに述べてきたように援助のスタイルを大きく変化させました。すなわち、スイッチの援助のスピードが上がり、手を振ってかすかな力を読み取る方法も加わることによって、対面したやりとりの中で言葉を聞いていくというスタイルから、言葉によって集団の話し合いに参加するのを援助するというスタイルへと変化していったのです。そして、いつしか援助は「通訳」という言い方になっていきました。聴覚障害を伴う方々の世界では手話通訳などのように通訳という考えはすでに市民権を持っていますが、通訳という位置づけをはっきりとさせることで、私たちの役割もまた明確になってきたと言えます。

当事者による研究発表——Nさんの試み

そして、そうした考えに基づいて、二〇〇九（平成二一）年の八月、重複障害教育研究会全国大会で、研究発表の際に、当事者がじかに壇上から意見を発表するという試みを行いました。登壇してくださったのは、重複障害教育研究所に通所するNさんです。

Nさんは、幼少期は歩くことができていたのですが、その後歩行が困難となった方です。興味のある物や教材、食べ物などにゆっくりと手を伸ばして、それらを持つことなども可能ですが、自由に選択の意思を表現するのは困難でした。

そのNさんの言葉を初めて聞き取ったのは研究会の七か月前の二〇〇九（平成二一）年一月一八日のことです。その日、Nさんには、ほとんど手を動かさないような状態で行うことを告げて、スライド式スイッチを使って一緒に名前を書いてみると、選択すべきところでかすかな力が読み取れ、次のような文章を書くことができました。

「気持ちが言えてうれしい。信じられない。忍耐してきました。不思議、考えただけで言葉ができていきます。不思議です。信じられません。小さいときから話したかった。気持ちを言いたかったです。

おかあさん、感謝しています。感謝していますが伝えられませんでした。

（お正月には）近くの神社に行きました。言いたいことは願いをしたということです。小さいときからきまってお正月には神社に行って願いごとをしていました。ひいきにしている神社はしんぐう神社です。

小さいときから話したかったです。小さいときから話したかったけど、あきらめていました。

小さいときみんなのことがうらやましかったです。気持ちが言えてうれしいです。

スキーは北風が冷たいけど白い世界がすてきです。見たこともないような景色が小さいころから好きでした。小さいときから小さく夢を紡いできたので白い世界が大好きです。希望が湧いてきました。

柴田先生はどうして私が言葉がわかっていると思ったのですか。

おとうさん、最近からだが疲れているようだから気をつけてくださいね。健康に気をつけて長生きをしてください。大切なおとうさんだから自分のからだを最高の状態にしてください。

こんど小さいころに見られなかった深海の観光に行きたいです。小さいときには乗れなかった船にも乗ってみたい。

小さいときは自分で歩けたけど、歩けなくなって、自分の行きたいところには行けなくなってしまって、とても残念です
人間として生きていかなければと思うので、未来を信じて生きていきたいと思います。光がさしてきました。希望が湧いてきました。人間として生きていきたいと思います。

（妹へ）かあさんにあまり心配をかけないようにしてください。（弟へ）たくみはたいへん考えがしっかりしているので、ちゃんとした仕事について、自分のためだけでなく、他人のための仕事をしてください。

小さいころから考えていました。すばらしいです、気持ちが言えて。うれしいです。気持ちが言いたかった。願っていました、小さいときから。言いたかったです。感動しています、気持ちが言えて。いい気分です。

自分とは何かを考えて生きていきたいと思います。人間だから希望をたいせつに生きていきたいと思います。願いをかなえられてうれしいです。」（原文はひらがな、句読点改行なし）

そして、それから研究会までに二月、四月、六月と三回の関わり合いがあったのですが、六月の関わり合いの際に、八月に開かれる重複障害教育研究会の全国大会のことが話題になり、実際に研究会の場でNさんに文字を綴ってもらおうという話になったのです。この研究会は、学校や施設の関係者が多く参加するのですが、通所されているご家族やご本人もよく参加されていますので、こうした提案が自然に出てきました。しかし、研究会の長い歴史の中でもじかに当事者が語るというのは画期的なことでした。

当日は、私がNさんの実践報告をする時間の中で、Nさんに登壇していただきました。スライド式スイッチを使ってその場でパソコンの画面に綴られていくNさんの言葉をプロジェクターで投映することによって会場の皆さんに伝えていったのですが、綴られた言葉は以下の通りです。

「小さいときから話をしたかったです。小さいときから自分の気持ちを伝えたかったです。にいさんやねえさんとして関わってくれる友だちがほしいです。小さいころから願ってきました。自由がほしいと考えてきました。小さいころからの夢がかなってうれしいです。人間としていい人生を送りたいと思います。私たちは見た目で判断されることが理解を妨げていますが、みんな考えています。小さいときは理想の人生を送ることができると思っていましたが、なかなか思い通りにはいきません。人間として言いたいことを言って生きていきたいと思います。私たちの気持ちをわかっていただきたく思います。よろしくお願いします。」（原文はひらがな、句読点なし）

スイッチ操作の援助に集中していた私は会場の反応を見る余裕はなかったのですが、Nさんが語り終わったあと、拍手が起こるまでの間に、すべての人がこのことを受け入れたのではないことが伝わってきました。しかし、これは、ほんとうに大きな一歩でした。

この研究会の次にNさんに会ったのは一〇月でしたが、Nさんは研究会のことについて、次のように語りました。

「理解してくれる人がほしいですが、なかなか現れません。残念ですが、理想とはほど遠いです。学校の先生はなかなかわかってくれそうもありません。この間の研究会でそう思いました。なかなかわかってもらうのはむずかしいですね。でもがんばってください。理解者を増やしてください。それが一番の近道だと思いますから。わずかな希望でも決して失わないことが大事だと私は身をもって体験してきましたから、私もがんばりたいと思います。願い続ければいつか望み通りになると思いますから、理想を高く掲げていきましょう。分相応の生き方にはお別れです。人間としての当然の権利を大切にしたいです。勇気が湧いてきました。希望が湧いてきました。ろうそくにあかりがともったような感じです。ろうそくをたくさんともしたいです。若い理想を大切に生きていきたいです。」（原文はひらがな、句読点なし）

研究会で思ったほどの理解が得られなかったことを残念に思いつつも、決して希望を失わないNさんの強い気持ちが表れていました。

自分たちで研究協議をやりたい――名古屋和泉さん

この試みから三年後の二〇一二（平成二四）年の研究会で、再び、当事者が壇上からパソコンによって意見を述べる企画が持ち上がりました。この三年の間に、重複障害教育研究所の通所者の中にもパソコンで気持ちを綴る方が増えていったのですが、その中の一人、名古屋和泉《なごやいずみ》さんが、自分たちで研究協議をやりたいと提案してきたのです。

和泉さんは、すでに四〇代の半ばを迎える方です。全盲で重い知的障害があるとされてきた方で、手を支えられれば歩くことはできますが、日常生活は全面的な介助が必要で、「アー」などの発声はあるものの、言葉を発することはできません。

和泉さんは幼少期に中島昭美先生に出会い、一九七五（昭和五〇）年に重複障害教育研究所ができてからは、研究所のほうにずっと通所してきた方です。私は、大学三年生の一九七九（昭和五四）年に、初めて中島先生の講義を受けたのですが、講義で映像とともに和泉さんの話を聞きました。そして、一九八一（昭和五六）年から毎週研究所に通うようになって和泉さんにじかにお会いしたのでした。まだ和泉さんは中学生でした。少しでも手の操作性が高まるようにとさまざまな教材を使って学習が進められていました。

その和泉さんの言葉を初めて聞いたのは、Nさんが壇上で話した二〇〇九（平成二一）年の研究会の夜の懇親会の席でした。Nさんが登壇する前夜のことです。和泉さんは、お母さんと毎年のように研究会に参加し、夜の懇親会にも出席していました。懇親会では、全国各地から参加した方々の自己紹介の場があるのですが、和泉さんのときは私が手を振りながらかすかな力を読み取る方法で和泉さん自身が自己紹介をしたのです。この頃、和泉さんの通所日には私はうかがっていなかったので、和泉さんとお会いするのは久しぶりだったのですが、懇親会が始まってから、和泉さんの気持ちを手を振る方法で聞き取ることができたので、そのまま自己紹介もしていただいたのです。参加者の皆さんにはまったく何が起こっているのかわからない様子でしたが、私も酔っていたこともあって、とても大胆になっていたのだと思います。

和泉さんからの自分たちで研究協議をやりたいとの提案には、ほんとうに驚かされましたが、もちろん、その提案に反対する理由などありません。当日は、研究協議の時間内では十分発言するのはむずかしいということで、事前に次のような文章を用意することになりました。これは、手を振ってかすかな力を読み取る方法で聞き取ったものを録音して文字化したものです。

「銀色の風が吹いたのは私の言葉を聞き取る方法が見つかったからです。なつかしいのは私をほんとうに理解しようとしてくれたたくさんの先生がいたことです。私に言葉があるとかないとかそんなことを越えて、つらいことももののともせずに私によい関わりをしてくださいました。なぜ私にそれがわかったかというと、私たちはほんとうに私たちをわかろうとする人とそうでない人の違いならすぐに感じ取れるからです。だからほんとうに理解してくれる人たちの前でだけほんとうの自分を出すようにしてきました。

だから私たちには理解を超えた先生（理解を超えるほどすばらしい先生の意）は、中島先生などのように私たちはとても偉い存在だと言ってくれた先生です。中島先生に私はとても長い間お世話になってきましたが、中島先生だけだったです、そこまで私たちをどうでもいい存在どころかどんなにすごいかと言ってくれたのは。

私にとって、中島先生の考え方を学んだ柴田先生がこういうやり方を発見したということは、必然的なことだったと思います。なぜなら私たちのような存在は世の中では役に立たない存在と思われていて、私たちの存在にこだわろうとすること自体がまれなことだからです。私だけではなくこの研究所で学んだ生徒はみな、中島先生のことを私たちの最大の理解者だと思っています。どんな敏感な先生でも私にとっては中島先生にかなう先生はいませんでした。

中島先生が亡くなってからは知子先生が中島先生の精神を引き継いでこられましたが、どういう拍子かわからないけれど私たちの言葉を聞き取る方法を柴田先生が見つけ出して、人間として私たちが何でも理解できているという事実に光を与えてくれましたが、それは中島先生が私たちの存在の確かさに光を与えていたからこそできたものです。そのことをこの研究会に来ている先生たちにはわかってもらいたいです。そして、がんばってこの方法を伝えようとしている柴田先生や知子先生を応援してほしいです。

でも忘れてはいけないことがあります。それは言葉を超えるものの存在です。私たちはこの方法が見つかる前から言葉を超えるものの存在によって生かされてきました。だから言葉を話すことなく亡くなった仲間たちも決して不幸だったわけではありません。もちろん話せたほうがいいことは当然のことですが、話すことがすべてではありません。話すことだけに目を奪われてしまうと、かえって言葉を超えるものの存在がないがしろにされてしまうかもしれません。

言葉を超えるものの存在を中島先生は魂とおっしゃいました。魂の意味は私にはよくわかりませんが、とてもいい言葉だと思って先生の話を聞いていました。言葉を超えるものの存在が先にあって、そのあとに言葉の問題が来るのであって、その逆ではありません。しかしこの方法が広まれば必ずそういう問題が出てくるでしょう。その時代はまだまだ先でしょうが、必ず来るはずですから、ふだんから気をつけておかなくてはなりません。

長い間沈黙の中で生きてきてそのまま死んでいくと覚悟していたので私にとっては夢のようですが、私にも言葉を話すチャンスが巡ってきたので存分に話したいです。そしてたくさんの後輩や仲間たちに一刻も早くこのことを伝えたいです。

でも私よりも先に言葉を話すこともなく亡くなっていった仲間の存在も決して忘れないでほしいです。彼らがいたからこそ今日《こんにち》があるのです。そのことがどうしても訴えたいです。

毎年この研究会で中島先生の講演を聴くのが楽しみでしたが、もうそれはかないません。しかし私はずっと中島先生の言葉を大事に温めながら生きてきました。こうして話せるようになってもそのことは変わりません。どうか私たちの言葉と魂に耳を澄ませてほしいと思います。」（原文はひらがな、句読点等なし）

毎年のようにお母さんに連れられて、重複障害教育研究会の全国大会に参加してきた和泉さんは、実に的確に中島先生を理解しており、私がなぜ障害の重い人たちの言葉の存在に気づくことができたかということについても、中島先生の存在が不可欠であったと語っているのです。

和泉さんは別の場面で、私たちは専門家の話があたっているかどうかすぐにわかるとも言っていました。なぜなら、そういう人たちの説明が自分にあてはまるかどうかだからと言うのです。そして、私の研究発表も幾度となく聞いていた和泉さんは、かつての私が発達的な見方にとらわれていたこともはっきり指摘しました。

なお、この年の全国大会で和泉さんとともに研究協議に参加したのは、Nさん、Kさん、田所《たどころ》弘二《こうじ》さんですが、事前に用意された文章の中から、田所弘二さんの文章も紹介しておきたいと思います。弘二さんは、重度の肢体不自由があって、いわゆる寝たきりの方ですが、研究所ではわずかに動く手でさまざまな関わりが進められてきました。私と弘二さんが出会ったのは一九八五（昭和六〇）年のこと、弘二さんはまだ二歳でした。

「よいやり方に出会えてとても満足していますが、せっかくやり方が見つかったのに、世の中がなかなか理解してくれないということはとても悲しいことですね。僕たちは幼い日からずっと心の中で言葉を紡いできましたが、なかなかそれを表現することができずにいました。ところが突然、柴田先生が僕たちにも言葉があると言い出して、ついにこうして自分たちのことをこのような場所でわかりやすく話させていただく機会を持たせていただくまでになりましたが、今回は僕たちの言葉をぜひ信じてほしいと思います。決してこの言葉は柴田先生が勝手に作っているわけではありません。そのため僕たちにはもっともっとよい考えがあるのに、誰も聞こうとはしてくれません。だから、もっともっと早く僕たちの言葉をわかってもらいたいと心から願っています。

僕たちの仲間の中には一言もしゃべることなく亡くなっていった仲間がたくさんいます。だからほんとうは一刻の猶予もありません。明日にもこの世界から旅立つかもしれない仲間がたくさんいます。僕ももう一人では呼吸をすることもできなくなってしまいました。だから僕にもいつその日が来てもおかしくありません。その日がたとえ明日になっても僕はもう覚悟ができています。小さいときからいつその日が来るかとずっと覚悟して生きてきたので、ここまで生きられたことに感謝しています。

柴田先生とは、二歳のときに会いましたが、まさかこんなに長くおつき合いできるとは思いませんでしたし、まさか柴田先生の手で僕の言葉が聞き取られるとは思いもよりませんでした。だけど、そのことには、そうなる必然性があったと思います。なぜなら、僕たちのために皆さんも含めて、一生懸命になってくださったからです。一生懸命にぼくたちのことを理解しようとする姿勢がなければ絶対にこんな方法は見つからなかったと思います。だから、この研究会に参加している先生方には中島先生の遺志を継ぐという意味でも、そういう考え方を受け入れてほしいと思います。

もうすぐ先生が亡くなられてから一三年になると思いますが、中島先生の精神は今こうしてよみがえろうとしています。僕たちにとってこうしたやり方が見つかったことは決して偶然ではありません。中島先生のような偉大な先生が僕たちの存在に光をあててくださったから、こうして僕たちのほんとうの姿が明らかにされる日が来たのだと思います。だから、新しいことというよりも前々からの精神の発展としてこの事実を受け入れてほしいと思います。」（原文は

ひらがな、句読点等なし）

当日は、四人の当事者が自分の意見を、私のスイッチの援助でパソコンに文字が入力されていくのをそのままプロジェクターで映すことによって、伝えていきました。

切々と訴えるこの四人の主張を、そのまま感動とともに受け止めてくださる方も少なくなかったのですが、なかなかストレートには伝わらなかったというのも偽らざる事実でした。さすがに面と向かってはっきりと否定してきた方はいなかったのですが、参加者の中には、いったい何が起こっているのかうまく理解できないという方も多数いたようです。

これまで障害が重いために言葉がないと思われてきた人たちが言葉を持っているということだけでもこれまでの常識に反することなのに、研究会のパネリストとして流暢にパソコンで意見を主張するということの意味を納得するのは容易ではないというのもわからないでもありません。それは、数年前の私の姿そのものだったのですから。

しかし、今はまだ理解されにくいことだとしても、当事者がみずから研究協議を行い、堂々と意見を述べたという事実は、いつか一つの歴史として記憶されていくことになるでしょう。

きんこんの会の誕生

研究室に集ったメンバー

二〇一〇（平成二二）年一月のこと、茨木卓哉《いばらぎたくや》さんと初めてお会いすることになりました。卓哉さんは特別支援学校の高等部を卒業して一年目の若者でした。卓哉さんには、重度の脳性マヒがあり、日常生活の諸動作にはすべて介助が必要で、言語によるコミュニケーションは困難です。ただ、笑顔は豊かなので、その笑顔から感情を推測することは可能で、慣れた人ならばその笑顔を通して簡単なコミュニケーションが可能です。でも、「はい」の合図としてはタイミングが取れなかったり、毎回確実に笑顔が返せるわけでもないので、確実なコミュニケーション手段として確立しているわけではありませんでした。手の運動については、まったく動かないわけではなく、意図に応じて腕には力がこもるので、スイッチを押すような動きはできます。しかし、その意図した動きとは別の不随意の動きも混じるため、慣れていないとその区別はむずかしくなります。

また卓哉さんは、横須賀市の久里浜にある特別支援教育総合研究所の笹本健一先生のもとで、STA（Soft Touching Assistance）と呼ばれる方法によるコミュニケーションが可能になった方です。STAとは、笹本先生が研究代表となってまとめられた『子どもと知り合うためのガイドブック――ことばを超えてかかわるために』（笹本他、二〇一〇）という報告書によれば、「今から約二〇年程前、私の勤務する国立特殊教育総合研究所（当時）の同僚の一人が、重度の知的障害があり身体も不自由と診断されていたお子さんの手に触れ、描画を援助したところ、それまで形のあるものを絵に描いたり文字を書いたりしたことのなかったお子さんが、それとわかる形の絵を描き、さらに簡単な文章も書いた、という事実を発見した」ことに端を発するもので、『身体の一部に軽く触れる』ことによって、独力では実現しない目的的な動作の達成を支援する」手法のことです。卓哉さんのことは、この報告書でも紹介されていますし、STAを紹介したNHKのドキュメンタリーにも登場しました。

その卓哉さんとお会いするために、研究室に来ていただくことになったのですが、そのとき、卓哉さんと同世代である町田市のかりんくらぶのメンバーにも声をかけて、一緒に語り合おうということになったのです。かりんくらぶで参加できたのは、太田純平さんと伊藤柚月さん、三瓶はるなさんで、偶然にも四人とも同じ学年でした。

私たちの関わり合いは個別を基本としていたのですが、みんなに言葉があることがわかっていく中で、仲間同士で互いに語り合うことの重要性が見えはじめていました。当日まず、卓哉さんとは初めてなので、早めに来ていただいて、パソコンを使って関わり合いを持ちました。

「少しの力でできるので簡単です。びっくりしました。なぜわかるのですか。不思議です。力を入れていないのにどうしてわかるのですか。小さいころからの夢でした。見かけで判断されることが多いのでなかなかわかってもらえずつらいですが、やっと願いがかないました。うれしいです。理解していただけてとてもうれしく思います。ほんとうはちがった僕は理解してもらうことが少ないので、すかっとしました。そのほかにはやっと話せてうれしいです。夢のようです。希望がわいてきました。わかってもらえてうれしいです。（文字の選択は）耳を澄ませていてここだと思っています。不思議ですが僕の言葉そのものなので信じないわけにはいきません。

不思議です。どうして僕が言葉がわかることがわかったのですか。理解していることがわかってくれるのはなかなかむずかしいと思うのですが、どうしてわかったのですか。望みはこのやり方で話がどこでもできるようになることです。私たちのことをわかってくれてうれしいです。わかってくれる人が現れるとは思いませんでした。気分がいいです、わかってもらえて。

初めてでもできたのでうれしかったです。また練習したいです。この方法で家でもやりたいですので、よろしくお願いします。わかってほしいですから、小さいときからの願いでしたから、かなってうれしいです。いい練習をして早く話せるようになりたいです。わかってもらえてよかったです。わかってもらうことが夢でした。」（原文はひらがな、改行なし）

こうしたやりとりのあと、柚月さん、はるなさん、純平さんが到着し、お互いの自己紹介から話が始まりました。柚月さんの自己紹介の言葉を紹介しておきましょう。

「いい天気ですね、今日は。私の名前は伊藤柚月です。よろしくお願いします。みんな話ができるようになってよかったね。私はなかなかわかってもらえなかったのでうれしいです。びっくりしました、柚月だけでなくみんなもわかってもらえないということが。なかなかむずかしいですね。わかってもらいたいですね。小さいときからの夢でした。

いい男の人は卓哉君です。なぜならかっこいいからです。いいどんなことを願っていますか。卓哉君はパソコンをしたの。高校三年から。お父さんとママまた会いましょう。」（原文はひらがな、改行なし）

初めて会った同い年の卓哉さんを「かっこいい」と表現する柚月さんは茶目っ気あふれる若者でした。私たちとの関係の中では見られなかった柚月さんの新しい姿がそこにありました。

そして、こうした集まりを定例化していこうということに話がまとまって、三月一八日に当事者の会を発足することになり、集まれそうなメンバーに声をかけて当事者の語り合いの会が誕生しました。この日は、卓哉さんとはるなさんは体調の関係で集まれませんでしたが、純平さん、柚月さんに加えて、三坂俊平さん、里見英則《さとみひでのり》さんも新たに参加しました。

なお里見英則さんは、俊平さんの学校の後輩で、重度の肢体不自由があり言葉は理解していないだろうと見なされていました。高校三年生のときにお会いし、初めてパソコンで言葉を綴りました。二〇〇九（平成二一）年一月のことでした。その後、筆談や文字盤でお母さんと会話が可能になりました。英則さんはとても活動的な方で、現在学習会サロンという集まりを主宰して、仲間たちに筆談や文字盤でのコミュニケーションの方法を伝えたり、仲間たちと共に語り合ったりしています。

そして、話し合いのさなか、会の名前についてある提案が出されました。それは「きんこんの会」というものでした。その名前にこめられた意味は、一つは自分たちの思いを互いに響き合わせようということと、もう一つは自分たちのことを鐘の音が響き渡るように世の中に伝えたいということでした。参加メンバーみんなが大賛成で、この日が記念すべき最初の「きんこんの会」となったのです。

当事者活動としてのきんこんの会

きんこんの会を始めるにあたって、私は、決めていたことが一つだけありました。それは、当事者が中心になる会にしようということです。

障害者の当事者活動という言い方があります。私は町田市の障害者青年学級に関わる中でその重要性を学んだのですが、歴史的にいくつかの当事者活動が障害者の歴史を塗り替えてきました。例えば一九七〇年頃の脳性マヒの当事者の運動であり、一九九〇年頃から始まった知的障害者の当事者運動です。そして実は、この知的障害者の当事者運動の中心メンバーの一人が、町田市障害者青年学級の高坂茂さんだったのです。象徴的なできごとは一九九〇(平成二)年にパリで開かれた知的障害者の親の会の国際会議に日本から初めて当事者が参加したということで、高坂さんもこの会議に参加しました。この会議をきっかけに日本の知的障害者の当事者活動は産声をあげ、それまでの「精神薄弱」という言葉が「知的障害」に変わったりする動きにも深く関わっていきました(柴田、二〇〇二)。

きんこんの会が誕生した二〇一〇(平成二二)年というのは、ちょうどそれから二〇年を経ています。表現手段を持たなかった障害の重い人たちの当事者活動が始まった年として、いつか歴史に刻まれるときが来るのではないかという壮大な夢を、私はきんこんの会のメンバーに見ていました。

当事者活動に重要なことは、徹底的に当事者が主体となっていくことです。だから、きんこんの会では、司会も当事者が行うこととし、私は、ひたすら通訳に徹することにしました。身体にハンディのある方を援助する場合でも援助者が知らず知らずのうちに主導権を握ってしまうことが起こるのですが、知的なハンディがあるとされる人の援助の場合、それはいっそう起こりやすくなってしまいます。だからこそ、ほんとうの意味で当事者が主人公になるためには、援助する者は、そのことを十分に理解していなければなりません。本来対等であるべき人間関係だから、私たちも対等に意見を言ってもよいような気になります。しかし、これまでの歴史や私たちが知らず知らずのうちに身につけてきた人間関係の築き方が、対等と言いながら結局は障害者を上から見下ろしているということを私はいやというほど経験してきました。だから、まずは、当事者自身が語るということを最大限に重視する必要があると私は考えました。

当事者をつなぐ「通訳」としてのコミュニケーションの援助

ところで、きんこんの会が始まる頃から、私のコミュニケーションの援助の方法に一つの大きな変化が生まれていました。それは、「手を振ってかすかな力を読み取る方法」における変化です。それまでは、手を振っていて相手の力を感じたところで「あかさたな…」の声を止めていたわけですが、条件反射のようなものが成立して、相手の力が手に伝わってくると、そのことを意識する前に「あかさたな…」の発声が止まるようになったのです。あまり脳内のプロセスを推論するのは危険だと思っているのですが、相手の力を感じたときに発せられた信号が一方はその力を意識する方向に向かい、もう一方は意識を迂回して直接「あかさたな…」の発声を止めることに向かうようになるという説明がもっとも実感に沿うものです。そして、いつしか私は、相手のかすかな反応のほうに意識を向けるよりも、自分の「あかさたな…」の発声が止まるところを探すほうがわかりやすくなっていったのです。

私自身の意識が相手の力を感じ取ったことが合図となるというのと、私自身の「あかさたな…」の発声が止まるところを探すというのでは、そのときのこちらの関わりのあり方は大きく違っています。それは、まるで、自分自身が一つのセンサーになってしまったような感覚でした。

「あかさたな…」の発声が止まるところだけに集中するということは、自分が相手の力を読み取ったかどうかに着目する必要がなくなったということなのですが、それは、意識できないような小さい力でも「あかさたな…」の発声が止まりさえすればそこに合図があったというふうに判断することにつながり、また、どんなに速くても「あかさたな…」の発声が止まればそこに合図があったことがわかるようになったわけです。

この方法は、パソコンに比べれば記録も残しにくいので、短所も少なくないのですが、町田市の障害者青年学級の活動のように複数の人の話し合いをつなぐ場面では、パソコンよりも力を発揮しました。しかも、そういう場では少しでも速く多くの言葉を聞き取らなければとの思いが働きますので、スピードもどんどん上がっていきました。

そして、その経過の中で、携帯電話でよく知られている予測変換のようなことを加える場面が増えていきました。文脈的にある単語の一文字目か二文字目まで読み取ることができれば、かなりの確率で次の単語が予測できます。例えば、「あり」とくれば文脈的に「ありがとう」になることが予測される場合があります。そのとき、「あかさたな…」を省略していきなり「かきくけこ」と言ってみたりするわけです。違えば反応がないのですが、合っていれば「か」で合図が来るのでそのまま「ありがとう」と言ってみます。最初の頃は、合っているかどうかをいちいち尋ね、「はい」の頭の文字の「は」か「いいえ」の頭の文字の「い」を読み取って確かめていました。しかし、しだいに合っている確率が高いときはわざわざ確認せずにやっていくと、違っている場合にはその先に進めなくなることがわかってきました。流れが滞るので、次の文字の合図が来なくなるのです。予測をはさむことの危険性は私自身も承知していましたが、違っていたらわかるということを頼りにしてこの方法を用いてみると、話し合いはスムーズになっていきました。

かつて、コミュニケーションの援助は、その人の気持ちを聞くことが中心となっていましたし、私は、その言葉の聞き手としてふるまうことが多かったように思います。しかし、仲間同士の話し合いをつなぐ中で、自然と「通訳」という言葉が出てくるようになりました。ろう者の通訳、盲ろう者の通訳など、すでに制度化されたものもあります。私たちの援助もまた、社会に参加するための通訳の制度としていつかきちんと社会に認められる日が来るかもしれないという期待とともに、そうなるべきものなのだという思いを初めて持つことができました。

毎回、新しいメンバーを加えながら、きんこんの会は、ほぼ二か月に一度のペースで開催され、白熱した議論がくり返されてきました。話題も、地域で生きていくこと、自立生活のこと、体験してきた教育のこと、自らの障害のことなど、さまざまな話題が出されますが、二〇一一（平成二三）年は東日本大震災のこと、二〇一二（平成二四）年の八月以降はくり返し出生前診断のことが議論のテーマになっています。

きんこんの会の声明文

話し合いの中で、少しずつ、いつかきんこんの会の理念を謳った宣言文を作りたいということが語られるようになりました。世の中に自分たちの存在を訴えていくためには、そういうものが必要になるだろうという考えが、みんなの中に少しずつ生まれてきたのです。

私も、こうした当事者活動においては、そのような意見の表明をする文書の存在が重要であると思っていました。例えば、知的障害者の当事者活動の全国組織であるピープルファーストの運動には、「ピープルファースト宣言」があり、全国手をつなぐ育成会の本人部会では毎年本人決議が出されています。しかし、なかなかそのことを実行に移せずにいました。

そのような中、二〇一四（平成二六）年三月二四日のかりんくらぶで、一つの提案が出されました。それは、かりんくらぶできんこんの会の宣言文となるような文章の原案を作ろうというものでした。その場にいたメンバーは四人でしたが、やれるときにやらないとチャンスが少ないからということで、四人がかわるがわる自分の意見を述べていきました。

こうして「かりんくらぶの思い」という文章ができたのです。そして、これを、同年四月のきんこんの会で仲間たちに伝えました。みんなその内容に大変満足したのですが、さらに付け加えてほしいことについて、二人から意見がありました。

そこで、この二人の意見を付け加えてできた文章を、同年六月二一日のきんこんの会でもう一度検討しました。その結果、この文章を「声明文」としようということが決められたのです。それは以下の通りです。

きんこんの会　声明文

私たちはずっと気持ちを表現できないばかりでなく、何もわからないと言われてきた障害者です。私たちはずっと社会の中に生きていながらみんな私たちのそばを私たちに気づくことなく通り過ぎていきました。

私たちの中には勝手に手が動いたり気持ちをうまく言えなくて違った言葉を口にしている人さえいます。そのことでどれだけ誤解されてきたかわかりません。だから私たちの行動を見て勝手に判断しないでください。私たちの気持ちは行動の奥底に違ったかたちで蓄えられているのでその気持ちにどうか耳を澄ませてください。どうか私たちの声に耳を傾けてください。

私たちをずっと大切に見守ってくれた人は言葉の有無に限らずにいつもやさしく声をかけてきました。私たちはそんな人たちに支えられて今日があることを知っています。だけど社会はそんな人たちをも無視してきました。

私たちの悲しさは、本当の声に耳を傾けようとしない社会です。いつかそんな社会は変

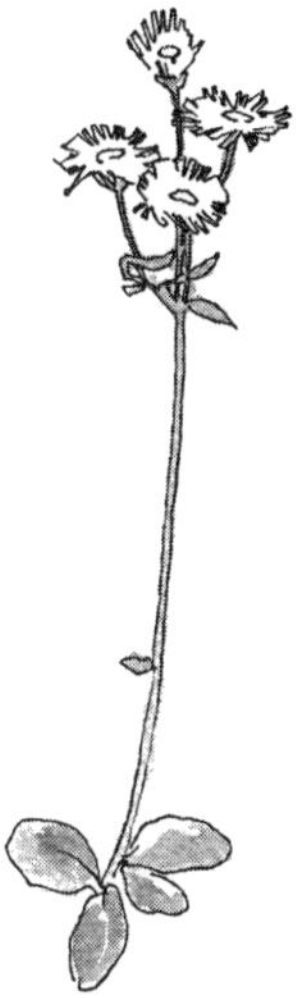

わるだろうと思ってきましたが、社会は反対の方向に向かって動き始めてしまいました。だからこそ私たちは大きな声を出さなくてはいけません。私たちの声が小さいために生まれてくることができなかった仲間さえいます。だから、一刻の猶予も残されていません。

まだまだ、言葉を発することなく亡くなっていく仲間たちがたくさんいます。今日もまたどこかで言葉を伝えることなく仲間が亡くなっているかもしれません。だから、私たちの言葉をもっと大きな声で遠くまで伝えたいと思います。もちろん言葉を伝えられずに亡くなった仲間たちも幸せな人生を生きていたことを私たちは知っています。

私たちの夢は地域で生きていくことです。体にも不安な要素を抱えている仲間は一人暮らしはむずかしいかもしれません。しかし、気持ちの上では地域で一人暮らしをしていると思えるような場所がほしいです。そういう場所があれば私たちの心は自由に地域を生きていることになるのです。

私たちを支えてくれる人たちへ。どうか私たちの前に出ないでください。私たちの後ろにもいないでください。私たちと共に手を携えてください。私たちの言葉の通訳は、私たちとのそういう関係を土台にしてお願いします。私たちが本当に求めているものは、共に生きてゆく関係です。

二〇一四年六月二一日

第三部　障害概念の再考と援助方法の整理

知的障害をめぐる問題

言語の表出を阻んでいるもの

私がこの本で紹介してきたことは、これまでの医学や心理学、教育学などの常識に著しく反する内容です。したがって、このことを多くの人に理解していただくためには、納得のいく論理的な説明がなされなければなりません。豊かな気持ちが内面にありながら、その表現を阻んでいるものがいったい何なのか、それを何とかして明らかにしていかなければなりません。

私は、最初は、この説明はそれほど困難なものではないと考えていました。なぜなら、身体障害のために体がわずかしか動かなかったり、過度の筋緊張などのために運動のコントロールが困難であったりするだけで、適切な装置や援助があれば、意図通りにスイッチの操作ができて文字の入力ができるというふうに考えればよいと考えていましたし、その人たちは障害が重い人たちの中では例外的に言葉を有していた人だと考えていたからです。

すでに、さまざまな入力装置やパソコンのソフト、あるいは入力機器などが開発されていて、実際にそれを独力で利用している障害者の存在は認知されていましたから、それと本質的には違わないと考えたのです。ただし、私が出会う子どもたちは、タイミングのコントロールを含めて、そうした機器では独力で文字入力をすることができなかったため、腕を支えたりスイッチの位置を柔軟に変えるなど、人による援助が必要でした。そのため、本人がやっていないのではないかとの疑いを持たれることもあったのですが、ていねいに観察すれば、実際に本人が運動を起こしているのですから、必ず理解は得られるものと考えていました。

ところが、八巻緩名さんが文字を綴り、それまでの私の考え方を根本から見直さなければならないということに気づかされ、すべての障害の重い人に言葉があることを前提として関わらなければならないと考えるようになってからは、事情が変わりました。すでに述べてきたように、方法の発展と対象の広がりを通して、意図的な運動や言語の表出を阻んでいるものが、運動や言語の複雑なメカニズムのからんだ問題であることがしだいに明らかになってきたからです。そこで、出会った事実をもとに、運動のコントロールや言語の表出を阻んでいるものを整理してみることにしましょう。

運動のコントロールに関する困難をめぐって

言語の表出を阻んでいるものは、まず、運動を自由にコントロールすることについての困難です。そこで、この運動のコントロールに関するさまざまな困難について、整理してみたいと思います。

①重い運動障害のために体がまったく動かないという状態

運動のコントロールの困難として最初にあげなければならないのは、体がまったく動かないという状態です。こうした状態にあるのは、重症心身障害や遷延性意識障害と言われる人の中でももっとも重度の人ですが、全身がぐったりとした状態にあって、例えば手を持ってもまったく弛緩した状態で力が感じられないような場合や体が硬直してしまっているような場合があります。このような方の場合、目に見える動きはなかなか見られないので、その人の体にこもるような力を感じ取ることになります。一緒にプッシュ式スイッチを押しているとかすかにこもった力が感じられるというものです。

このような方々の中にも、ていねいに見ていけば、ほんのわずかに動きがある人もいるので、その力をうまく受け止めることができれば、スライド式スイッチで、取っ手が二、三ミリメートル動く程度の意図的な動きがある人もいます。また、動きがあっても、その時々の体の条件で動きやすいこともあれば動きにくいこともあり、また、せっかく動きが生まれても長くは続けることができないというような人がいました。

②筋緊張の問題による不随意運動

次に、腕を伸ばすなどの運動を起こすと、意図に反した強い筋緊張が起こってその運動をうまく方向づけることが困難となる場合があります。ただし、この場合、手を伸ばそうと意図したから手に緊張が入るわけですから、そこに本人の意図が存在することはよく伝わってきます。したがって不随意と言っても、運動自体は意図に応じて起きているわけです。せっかく意図して手に力を入れたのに、その意図通りの運動を阻む不適切な筋緊張が起こるので、その意図さえわれわれが読み違えなければ援助は必ずしも困難ではありません。例えばスライド式スイッチならば手前に引こうとしたのか向こう側に押そうとしたのかとか、プッシュ式スイッチならば押そうとしたのか離そうとしたのかなどです。

③意図しないふるえの存在

さらに、不随意運動には、絶えずふるえのような小刻みな運動が起こっているというものがあります。そのふるえのような動きの中にかすかな自発的運動や合図が含まれているという場合があるのですが、そのふるえのような不随意運動と自発的な運動との区別はつきにくいものの、ていねいに関わればその区別は不可能というわけではありません。また、まったく機械的に起こっているわけではなく、がんばろうとする意思などがふるえを増やしているということもあるようで、最初の頃この動きが大変目立っていた岩切葵さんも、上手に力を抜くことができるようになったからか、しだいにその動きが消えていきました。

④意図した運動が反復運動になって止められなくなる

前述した②と③の運動は、意図に沿った運動を阻むものの中では不随意運動という名称で知られているものですが、さらに次のような意図に沿わない運動があります。それは、いったん一つの運動を起こすと反復運動になって止められなくなるというもので、プッシュ式スイッチでは押す－戻す、スライド式スイッチでは引く－押すという反復運動をしていると、意図的に止められず、とめどない反復運動になってしまうというものです。

文字を選ぶというような場面では、三回押して止めるというように正確な数だけ運動を起こして止めるということが求められるのですが、三回で止めようと本人が意図しても、手が反復的に動いてしまうわけです。この動きは他者からは、押すという運動が自発的なものなので、ちょうどいいところで止めるのがむずかしいと見えるよりも、止めることがわからないとか、遊んでいるように見えやすいのですが、本人はせっかく意図通り起こした運動を止められずに困っているのです。

練習によって意図通りに運動を止められるようになった人もおり、本人が選べていることが伝わりやすくなった人もいるのですが、Aさんのところで述べたように（二〇〇頁参照）、何年練習してもなかなかうまく止めることのできない人もいたのです。

なお、このことについて、失語症の研究で著名な山鳥重さんの著書（山鳥、一九八五）に次のような説明がありました。すなわち、こうした運動は、二〇世紀の初頭に保続現象の系統的分析を行ったリープマンが間代性保続（clonic perseveration）として分類したものに類似しているとのことで、

「ある行為を一旦始めるとその行為がくり返し続く」（山鳥、同）とあり、それが引き起こされる理由として、「ある行為が行われると、その行為発現に関与する神経過程は興奮状態（あるいは賦活状態）になる。次の行為に移るとこの興奮状態は抑制を受けるが、消失せずに残る。この抑制機構がうまく働かないと、次の行為の開始に際しても前段階の興奮過程がそのまま出力されることになる」（山鳥、同）という仮説を立てることができるとのことでした。

⑤物を見たり物に触れたりすると勝手に手が伸びる

意図に沿わない運動にはこれから述べるように、通常はもはや不随意運動とは呼ばれることはない、一見意図的な運動が意図に反して起こっていることがあります。それは、コードに手が触れるとさっと握る、あるいはペットボトルを見ると手を伸ばすというような行動で、目的にかなった運動に見えるにもかかわらず、実は意図に反しているということがあると言うのです。これが意図に反しているということは、私は本人自身の説明によって初めてわかったものでした。伸ばそうと思ったから手が出たというのではなく、触れたり見えたりしたら手が勝手に動いてしまい、なかなか止められないという説明でしたが、最初に聞いたときは、ほんとうに驚きました。

こうした行動の困ったところは、意図に反して自動的に起こった行動にもかかわらず、伸ばすべきではない場面でも手が伸びてくるため、本人の認識のレベルが低く見積もられてしまわざるをえず、また、他人の食べ物に手を出したり書類をくしゃくしゃにするというような場面もあって、社会的ルールの理解が困難だと見なされてしまうことも少ないという点です。私自身、長い間、そういう理解をしてきたのです。

また自傷行為や指しゃぶりなどの常同行動についても、勝手に手が動いているという本人からの報告もありました。指しゃぶりなどは、私自身のそれまでの関わり合いの経験から、姿勢の安定という意味などがあることは明らかでしたから、必ずしも意味なく起きているものではないと考えることはできたのでしたが、こうした身体の安定のための行動は、本人からすれば無意識的な過程として起こっていたということになります。

これに類似した事例は、やはり山鳥重さんの著書に記述がありました。それは、道具を見ると思わずその道具を使用するときの運動を起こしてしまうという「道具の強迫的使用」（山鳥、二〇〇七）です。それとの関係は定かではありませんが、意図に反した行動を起こすという可能性が人間にはあることが示唆されていると言えます。

なお、意図に沿っていないけれども一見目的にかなった運動が勝手に起こっているということは、そのままでは大変困ったことを引き起こすわけですが、もしかしたら、私たちは、こうした働きをうまく利用して行動しているのかもしれません。こうした無意識の動きが意識のコントロールをはずれて勝手に起こってしまうと大変困るわけですが、意識のコントロール下に置いておくことができれば、行動の細部をいちいち意識でコントロールしなくてすむからです。こうした行動があることと自体が私たちと違っているというのではなく、それを意識でコントロールできるかどうかの違いと考えることができるのかもしれません。

発話をめぐる問題

ここまで意図通りに運動を起こすことのできない問題について見てきましたが、発話という場面でも同じように、まったく話すことができないという状況から、必ずしも意図通りには話せていないという状況まで、多様な場合があることがわかってきました。

このことに気づいたのは、すでに述べたように板橋望美さんにワープロを試みたのがきっかけでした（九五頁参照）。それまでは、私たちのスイッチとパソコンを用いる方法はあくまで運動の障害のために言葉を表出するのに必要な運動ができていない人が対象なのであり、発話ができている人は、すでに話せている以上、そのような援助は必要ないと考えていたのです。そしてその場合、その人の発話の内容が簡単であったり、いささかつじつまが合わなかったりするのはその人の内的な言語がそのまま反映されているのだと考えてきたわけです。それは、まさにその人には発達の遅れがあるから簡単な言葉しか話せないし、理解していないという現在の知的障害のとらえ方なのです。

しかし、すでに述べてきたように、発話のできる知的障害者と呼ばれてきた人々も、独特の話し方をする自閉症と呼ばれる人々も、私たちの方法で豊かな内的言語の存在が明らかになってきたのです。そこには、そういう現象を生んでしまう発話のメカニズムがあるはずです。そこで、まず、意図通りに発することがむずかしい発話の状況を整理したいと思います。

①発話がまったくない状態

発話がまったくない状態にある人は、重い運動の障害がある場合と、目立った肢体不自由はない場合とがあります。前者は、重い運動障害があるために、声を出して話すために必要な運動の働きも制約を受けてしまって、発話が不可能になってしまうわけです。

一方、目立った肢体不自由が見られない人は、歩くことができたり食べ物を手で口に運ぶことができたりしても、言葉を発することができないということになるわけですが、この場合は、通常、重い知的障害があると見なされ、発話がないのは、言語獲得以前の知的な水準にあると見なされたりします。しかし、二〇〇八（平成二〇）年以降の経験として、主として町田市障害者青年学級の人々のことを紹介したところで述べたように（一〇六頁、一一九頁参照）、こうした状況にあっても豊かな言語を秘めているわけで、内言を外言へと変換していく一連のプロセスのどこかに障害があると考えることができるのではないでしょうか。

発話する前に思考を内言として言語化し、さらに外言へと移行するということは、私たちではほぼ無意識的に行われており、内言を外言へと移行していく過程で内言が損なわれてしまうという認識をはっきりと自覚することはほとんどありません。しかし、内言を外言へと移行する過程に何らかの障害があった場合、その障害のために外言として表れたものが内言を十分には反映できていないということがあるのではないかということです。

②簡単な発話しかできない

次に見ていきたいのは、簡単な発話しかできないという現象です。初めに挙げたいのは、脳性マヒ等によって言語障害がある場合です。ある発話の可能な脳性マヒのお子さんが、二桁×一桁の問題を尋ねられて、口頭では答えられないにもかかわらず、ペンを持たせて援助者が手を添えると正しい答えの数字が書かれ、パソコンでも正解を書いたことがあります。そのとき、どうして筆談やパソコンではできるのに、口頭ではできないかについて説明を求めると「くちでいおうとするとしきがきえてしまってできなくなる」とパソコンで答えが返ってきました。

これは、おそらく、問題に発話で答える際に、脳性マヒのために、発話という行動を遂行するには健常者よりもたくさんのプロセスを動員せねばならず、短期記憶の中に式を保持しておく余裕がなくなってしまうと考えると説明がつくように思われます。これは当然、通常の発話にも大きな影響を及ぼしており、複雑な思考内容があっても、発話をしようとするとその複雑な思考内容が損われてしまって簡単な内容の発話しかできないということが起こると考えることができるのではないでしょうか。

なお、盲と肢体不自由を重複していてかなり発話の可能な人で、独力でパソコンのキーボードの六つのキーを使った点字入力を行っている人が、独力の入力ではなかなか複雑な思いを綴ることができないけれども、2スイッチワープロでなら複雑な思いを綴るということがありました。このとき、2スイッチワープロでその理由を尋ねてみると、「いちどにふたつのことはできません」という明確な答えが返ってきました。これは、六つのキーを独力で押すという作業が複雑な思考内容を表現することを妨げているということを意味していると言えるでしょう。

また、特別な肢体不自由を伴わないけれども、簡単な言葉しか発話できず、知的障害があるとされている人たちがいます。例えば、一語文や二語文を話しているような場合、さしあたって大きな構音運動の障害があるわけではないので、認識のレベルの問題とされてしまい、一語文や二語文の発達段階にあるとされることが少なくないのです。しかし、すでに述べてきたように（二〇六頁参照）、そういう方々もまた、当たり前に言葉を持っています。そのことを説明するには、内言を外言へと変換していくプロセスの障害を考える必要があると思われます。

③意図とは違う発話が生まれる

自発的に発話がなされている以上、それは本人の意図に沿ったもので、もしその発話が通常の私たちのコミュニケーションからすると何か違和感を覚えるようなとき、その人の内面に、そうした発話の内容に対応する内面を想定するのが当然で、それは、私たちの常識では計り知れない独自の世界のように感じられました。しかし、外の世界に表現された発話は、必ずしも意図に沿ったものではないという場合があるのです。

肢体不自由の障害で意図と反する言葉を発してしまうという自らの体験について述べた大野剛資さんは、みずからの状況を「二層の経験」（大野、二〇一一）と表現し、次のように述べています。

「小さな静かな声だけど伝えている。二層の仕方なのでむずかしい。伝えたいことと言っていることが違ってしまう」（大野、同）。実際、彼は、限られた単語をさまざまな感情表現に用いたり、周囲の状況とは無関係に発したりすることがあるのですが、ご本人の説明を聞くまでは、その言葉とは別の伝えたいことが存在するということはなかなかわかりませんでした。

また、先に紹介した自閉症の作家、東田直樹さんの場合も、「話したいことは話せず、関係のない言葉は、どんどん勝手に口から出てしまう」（東田、二〇〇七）とあり、同じような事情が語られています。

また、同様のことが盲重複と呼ばれる方々の中にもあることは先に述べた通りです（二〇八頁参照）。もちろん、まったくすべてが機械のように他律的に起こっているというよりも、その言葉を発することで落ち着くなどの意味を持っている場合もあると思われ、無意識下でその発話が持つ意味はていねいに明らかにしていく必要があると思われますが、そうした発話の奥に、私たちとほとんど何ら変わらない気持ちの世界が広がっているということがこれまであまりにも顧みられてこなかったのです。

なお、神経心理学においてもこうした現象に類似したものとして「自動性言語と意図性言語」（山鳥、二〇〇二）という区別や「不随意的発話と随意的発話」（山鳥、同）という区別がなされており、さまざまな説明が試みられています。ここで述べている現象との関係については不明確な点も多いのですが、こうした現象がすでに知られたものとして存在していることは注目に値すると言えましょう。

知的障害＝発達遅滞という見方の再考

以上のように運動や言語にまつわるさまざまな困難の存在が明らかになってくると、なぜ、内面に豊かな言語を持っている人々のほんとうの姿が長い間見過ごされてきたかの理由が明らかになってきます。

私たちは、相手を判断するとき、直接その人の内面をのぞくことはできないので、行動や表情、言葉など外に表れたものをもとにします。

そして、体が動かないために、そうした表出が著しく少なくなっていくと、ある程度までは運動の障害の問題としてのみ理解することができるのですが、その表出の制限が「はい―いいえ」のレベルまで及ぶと、運動の障害だけではなく、認識に関わる障害、すなわち発達の遅れが存在すると考えてしまいます。「はい―いいえ」という表現も運動によって行われるものですから、認識の問題と考えなければならない必然性はないわけですが、残念ながら、そのような見方がなされることが常でした。

その理由の一つには、体は動くにもかかわらず、発話が存在しない重度の知的障害と言われる人たちの存在からの類推ということもあったでしょう。ほんのわずかな動きや表情で「はい―いいえ」の合図などを送れる人がいる一方で、体はある程度動くのに明瞭な「はい―いいえ」の合図がなければ、それは、その合図ができるだけの認識がないというように考えられるのかもしれません。

知的障害を発達の遅れと見なす考えが生まれるのは、すでに述べたように、私たちが表面に表れてくる行動をもとに内面を推測するという方法をとらざるをえず、その表出された行動の特徴を、健常児の標準的な発達と比較し、その行動が健常児の何歳レベルにあたるかを見定めるということをしてきたからです。知的な障害があるとされる子どもの行動がいわゆる健常児の何歳の時期にあたっているということは、もちろん事実として確定できることです。しかし、だからといって表面からはうかがいしれない内面の認識の世界が何歳と同じレベルであるというのは、論理の飛躍です。表面的な行動の出現が遅れたり出現していなかったりすることを説明できれば、認識のレベルの違いという説明を持ち出す必要はなくなるのです。

運動や言語にまつわるさまざまな困難について述べてきましたが、それらを考慮すれば、表面的な遅れの現象を、認識のレベルで説明する必要はなくなります。

そして、パソコンとスイッチを通して明らかになった、知的障害があるとされる人たちの内的な言語の世界の内容の豊かさを見れば、認識のレベルが遅れているというような結論を安易に持ち出すことはできないことがわかるはずです。

そこから引き出される結論は、これまで知的障害があるとされてきた人たちは、年齢相応のレベルの認識の世界を有しているにもかかわらず、それを表現するプロセスの中に何らかの困難を抱えているということになるでしょう。つまり、知的障害と見なされてきた現象は、認識の発達の遅れを意味するのではなく、表現に関わるプロセスに存在する障害ということになるはずです。

しかも、ここにはさまざまな認知のプロセスも関わっているということになるでしょう。例えば、パソコンによって初めて豊かな言葉を表現した人の中に絵を描くことのできる人もいますが、その絵は、発達段階的な比較をすると、幼児の絵と共通なものが見られることが少なくありません。こうした事実はこれまで発達の遅れという解釈をより強固なものにすることにつながったのですが、描画に関する空間的な認知や処理に関して何らかの困難を抱えているのかもしれません。こうした問題も明らかにしていかなければなりませんが、今はまだ明確な説明を与えることはできずにいます。

これは、ほんの一例ですが、これまでの膨大な研究によって、知的障害と呼ばれてきた現象に関して多くの事実が積み重ねられてきました。それらは確かな事実として明らかにされてきたものであり、発達の遅れという考え方によってその多くが説明可能だったわけです。それを、改めて、認識の発達の遅れとは異なるものとして説明していかなければならないことになります。大変大きな問題ですが、これからの課題としたいと思います。

なぜ言語だけが保たれるのか

ところで、本書では、秘められた言語の豊かさを強調してきたわけですが、その豊かさの表出を阻んでいたものの一つは、体がまったく動かない、意図に反して運動が起こるなど、運動の障害にまつわるものでした。そこで、起こってくる疑問に次のようなものがあります。それは、脳の損傷や機能不全によって運動の面では広範にわたる障害が引き起こされているのに、なぜ、言語だけは豊かなままに保たれるのか、運動に障害が生まれるように、言語や認識そのものにも障害が生まれるはずではないのかということです。

このことについては、やはり山鳥重さんが、対談の中で大変示唆に富んだ発言をしています。まず、言語について、発語と理解とを比較すると、「発語と理解では構造が違い、理解のほうは脳損傷の範囲がかなり広くても回復しうることが多いのです。ところが、出力、しゃべるという能力に関しては、(…)なかなか回復しない。出力というのは割合その機能を他の部位に引き受けてもらいにくいのです」とあります。そして、その理由として運動表現においては、「正確なプログラムがないと、実際に一定の筋肉群を一定の順序で収縮させたり、弛緩させたりすることは不可能」で、「そのような正確なプログラムの実行は比較的限定した領域に任せないとうまくゆきません」と述べています(山鳥、辻、二〇〇六)。すなわち、発語にしても広く運動一般にしても、いったん脳の損傷によって発語や運動の機能が損なわれるとなかなか他の部位が代償しにくいのに対して、理解についてはある部位が損傷を受けても代償が起こりやすいということになります。

したがって、脳の損傷によって、遷延性意識障害と呼ばれるように、運動面でまったく体が動かないほどの重篤な障害があって、あたかも意識も失われてしまったように見える場合でも、きちんとした理解や言葉が存在することに一定の妥当な説明が可能になります。そして、生まれつきないし幼い時期からの障害についても同様のことが言えるでしょう。すなわち、見かけの運動に関わる障害に反して豊かな言語の世界が存在していることは十分にありうることなのです。

コミュニケーションの援助について

相手に触れない援助と触れる援助について

気持ちを言葉で表現することが困難な人たちが秘めている豊かな言葉の世界の表出を援助することをめぐっては、これまでもたくさん議論がなされてきました。ここでは、その方法についての整理を試みたいと思います。

まず、最初に、このことに必ずついて回る援助の問題を整理しておきたいと思います。

通常では意思表示が困難な重い障害がありながら、さまざまな方法によってコミュニケーションが可能になっていて、それが広く社会で承認されている人々がいます。この社会的な承認が得られるかどうかで大きな分かれ目になるのは、援助者が本人に触れているかいないかということです。視線によって透明板の五〇音表から文字を選んだり、わずかに動く体の部位を使ってスイッチでパソコンを操作して文字を選んだりするような事例は、拡大代替コミュニケーション（ＡＡＣ）などと呼ばれて、長年にわたって研究が積み重ねられ、普及するにいたっています。

しかし、本人に触れなければ援助ができない場合、表現されたものが本人の意思かどうかということが問題になってきました。

相手の障害の状況に応じて相手に触れずに援助ができるか、相手に触れて初めて援助できるかということは、援助という視点からすれば大きな違いがあるものではありません。日常の生活動作の援助をするのに身体の接触があるかどうかはただ相手の障害の状況に応じて決められるものです。

それでは、なぜ、コミュニケーションの援助の場合、そのことが大きな問題になるのでしょうか。それは、当然と言えば当然ですが、本人の意思ではないものを本人の意思として作為的に表現することがありうるからです。

こうした作為の可能性を否定するには、その意思表示の方法の客観性が示されればよいわけですが、これが思った以上に容易なことではありませんでした。

まず、仮に身体に接触をして援助をしていても、本人が起こしている運動が本人自身のものであることが、周囲の者に明らかに見てとれれば問題にはなりません。自らのコミュニケーション方法を「あかさたな話法」と呼んで、大学院進学まで果たした天畠大輔《てんばただいすけ》さんの場合、援助者が手を触れていても、合図の動きが本人自身の起こした運動であることが明らかだということで、問題にはなりませんでした（天畠、二〇一二）。

私の場合も、三瓶はるなさんのところで述べたように（八九頁参照）、二〇〇六（平成一八）年に一緒にスイッチを押すという方法に気づくまでは、相手の手に触れてはいたものの、一貫して相手の動きを拾っていましたので、私自身にとっては、このときの動きは目で見てわかる客観的なものでした。しかし、残念ながら、動きが小さいことやビデオ映像などではその様子がうまく伝わらないこともあって、さまざまなところで客観性に疑問を呈されることが少なくありませんでした。第三者が目で見た範囲で客観性があると見なされるか否かの境界線は、あいまいなものだというのが私の実感です。

また、このとき、その人が内的な言語を有しているかどうかについての推測が大きな影響を与えます。例えば中途障害や進行性の病気などで、かつてはっきりと言葉を話していた人の場合は、小さな動きでもそれが本人の起こしたものだと納得されやすいのですが、その人が内的言語を有していること自体が明らかでない場合は、より明確な運動が求められることになります。

また、人に触れる援助では、援助者が、援助に習熟してくると、しばしば相手の動きにしだいに同調した援助が生まれてくることが少なくありません。同調した援助とは、相手がある方向に運動を起こしはじめたら援助者もその方向に一緒に運動を起こすということで、同調的になればなるほど、その動きが本人の動きなのかどうかということが、より周囲にはわかりにくくなってしまいます。しかし、こうした同調的な援助が生まれてくることには、以下のような理由があります。

一つは、援助者の気持ちのことですが、援助の相手は運動に困難を抱えているわけですから、援助者にその運動の方向や目指している場所がわかったなら、その運動がスムーズに達成されるように手伝うのは当たり前だということです。ある場所に運動が起こっているのに障害のために方向がそれたり、力が足りずに途中で運動が途切れたり、力が大きすぎて行き過ぎたりすることは頻繁に起こるわけですから、それを目的が達成されるように自然に手伝うようになっていくわけです。そして、それに慣れれば慣れるほど、あたかも援助者と相手の運動とが一体化したようになっていくわけです。

また、もう一つの理由は、運動を援助するということに本質的に伴うものです。運動を援助する際、まず求められるのは、援助が相手の運動の妨げにならないということです。相手の体に触れる援助は、何らかのかたちで相手の体に力を加えるわけですが、例えばただぎゅっと相手の手を強く持っているだけなら、その力が相手の運動を妨げることになりますから、そうならないようにするためには、何らかのかたちで相手の運動の方向を感じ取る必要があるわけです。そして、この運動方向は目で見てわかることもありますが、相手の手に触れていれば、援助者自身の手に伝わってくる相手の力の中に運動方向が感じ取られることになります。この相手の力を感じ取るとき、自然な援助であれば、ただ相手によって動かされるだけではなく、相手の動きに沿って自分の手を動かすということになります。言い換えれば、相手の手に添いながら一緒に動くことの中で感じ取られるものなのです。ですから、この援助に習熟すればするほど相手の手と一体化していくのは、当然のことなのです。

なお、こうした習熟の過程では、相手の意図とは違った動きを援助者がしてしまったら、そのことが感じられているのも大変重要です。この場合、援助者の力と相手の力がぶつかり合うわけですが、このことに気づけるからこそ、より同調した援助へと習熟していくことができるわけです。

この相手の動きと同調した援助は、さらに次の段階に発展することがあります。それは、三瓶はるなさんの援助をする中で私自身も経験したことですが、相手の動きに先行してこちらが動かしはじめるというものです。私の場合は、二つのプッシュ式スイッチによる2スイッチワープロの援助でしたから、文字の選択は必ず一方のスイッチを押すことから始まることはわかっているので、本人が文字を選ぼうとしている限り必ず起こさなければならない運動を、援助者が起こしているということになります。そして、一緒に運動をしていると、相手のほうでスイッチが押しっぱなしになるような力を入れてくるので、そこに決定の意思を感じ取るということになります。ここで本人が力を入れたことは、見た目にはもはやほとんどわかりませんから、外見からはこれが本人の意思であることはわからなくなってしまいます。

後述するように、援助の方法は他に文字盤を指差すことと筆談とがあるわけですが、これらでも、援助者が先に動かすという援助へと発展することが少なくありません。文字盤の場合でも筆談の場合でも、まず、相手の手を動かしはじめたときに、どっちの方向に行こうとしているのかという情報が、手を通して伝わってきます。動かしはじめたあとは、運動方向の読み取りは、同調的な援助の際の相手の運動方向を感じ取ることと同じことになります。文字盤を指差す動きであれ、文字を書く動きであれ、最初に援助者が動きを始めたあとは、たえず相手が目指している運動を感じ取りながら、一体化した運動が起こるのです。

この段階の援助になると、実際に運動を始めたのは援助者になりますから、本人が動かしていないと言われてしまうとなかなか簡単に説明するのはむずかしくなります。しかし、運動を独力で起こすことがむずかしかったり、いったん自分で運動を起こすと止められなくなったりするような困難を抱えている場合、この段階の援助がなければ、意思表示そのものがむずかしくなってしまうのです。

方法の整理

以上、援助の際に相手に触れるということをめぐって述べてきましたが、次に、コミュニケーションの援助のほうの整理をしてみたいと思います。

援助を要するコミュニケーションの方法は、三つの系統に分けることができます。

一番目は、私がずっと取り組んできた方法ですが、五〇音表でまず「あかさたな」と行をスキャンしていずれかの行を確定し、その行内の文字をスキャンしていく方法とその発展したもの、二番目は、五〇音の文字盤やパソコンのキーボード配列から一つの文字やキーを指し示す方法、第三は、文字を筆記することとその発展したものです。

①五〇音表から行の選択に続いて行内の文字を選択していく方法とその発展したもの

この方法は、すでに本書でくり返し述べてきた方法ですが、五〇音表の中から一文字を確定するのに、まず、「あかさたなはまやらわ」の中から一文字を選択することによって行を選択し、ついで、その行内の文字をア段から順番にオ段までたどっていくことによって最終的に一つの文字を選択する方法です。

(i) パソコンによるオートスキャン方式のワープロ

よく知られているのは、自動的に行や文字がスキャンされていくのを、スイッチの入力によって止めて選択するというもので、さまざまなセンサー等の開発によって、ほんのわずかな動きでも入力できるように発展してきました。特に、ALS（筋萎縮性側索硬化症）の方々や筋ジストロフィーの方々などに代表されるように、筋力の著しい低下を伴いつつもタイミング調整は可能な方々にとって、大きな成果をあげてきました。一二九頁で紹介した宮田俊也さんもこの方法で独力で気持ちを表現しています。なお、この方式を用いたコミュニケーション機器にレッツチャット（一二一頁参照）などがあります。

(ii) パソコンによるステップスキャン方式のワープロ

上述したオートスキャン方式においては入力のタイミングの調整が必要な条件で、私が出会った方々のほとんどが、このタイミングの調整がむずかしいために、オートスキャン方式は困難でしたので、ステップスキャン方式を採用してきました。ステップスキャン方式は、二種類のスイッチを使用して、一方のスイッチで行や文字を送っていき、もう一方のスイッチで行や文字を確定するという方法です。

スイッチについては、二つのプッシュ式スイッチを使う場合と、取っ手を前後や左右に移動させて両端のスイッチを操作するスライド式のスイッチを適宜使い分けながら用いてきたことは、すでに述べてきた通りです。

なお、ステップスキャン方式では、オートスキャン方式では一個ですんだスイッチを二個使うわけですから、スイッチ操作の手続きはむしろ複雑になります。それでもあえてこちらを選ぶ理由はこちらのほうがタイミングの調整の点でやりやすいということがあるからですが、結果的にもう一つ大きな違いがあります。それは、独力を目指すのか、援助することを前提にするのかということです。オートスキャン方式は独力での操作を前提としています。一方、たとえ手続きは複雑になるとはいえ、独力での操作を前提とせず、援助を前提とすれば、ステップスキャン方式のほうが容易なのです。もちろん独力でできるにこしたことはありませんが、障害のある方に援助することとは別に特別なことではないでしょう。オートスキャン方式においては本人自身が行わなければタイミングの調整自体を援助することはむずかしいのですが、ステップスキャン方式においては本人が起こそうとする運動を援助することはやり方しだいなのです。

援助は基本的には二種類に分けられ、一つは、本人が起こした自発的な運動がうまくスイッチの入力につながるように援助する場合と、一緒に手を動かしながら本人からの合図を読み取って進めていく援助です。

〈本人自身の自発的な運動の援助〉

本人の自発的な運動の援助は、運動が起こりやすくなるように姿勢や手を支えたり、スイッチが入りやすいようにその位置や角度などを調整したりするものです。

このとき、小さな運動しか起こらない場合と、比較的大きな運動が起こる場合とで、援助は違ってきます。

まず、小さな動きの場合は、プッシュ式スイッチでは押す運動、スライド式スイッチでは引く運動が小さく起こるわけですが、その動きが起こりやすい手の位置を探す援助や、その位置で運動が起こりやすいように支える援助が必要になります。このとき、どの位置が運動が起こりやすいかということは、姿勢なども大きな影響があり、腕の位置や姿勢を変えただけで動くこともあるので、いろいろな可能性を試みる必要があります。

また、力も小さい場合が多いため、プッシュ式スイッチでは押しっぱなし、スライド式スイッチでは引きっぱなしになって戻せないことも多いので、本人の押す動きや引く動きが起こってスイッチが入った状態になったら、戻す運動が起こりやすくなるような援助が必要なこともあります。

こういう援助を通して、目的の行や文字まで、押したり戻したり、引いたり戻したりして運動をくり返すわけですが、目的の行や文字までたどり着くと、もう一方のスイッチに向かう運動を起こさなければなりません。

プッシュ式スイッチの場合は、もう一つのプッシュ式スイッチに向けて運動を起こすわけですが、この場合、そのスイッチまで手を自力で移動させることができればよいのですが、運動が小さいとなかなかその距離を動かすことは困難です。しかし、実際に移動はできなくても、押したり戻したりする運動が起きているときに、戻したあと、ほんのわずかでも手を持ち上げるような動きが起こったなら、それは、もう一つのスイッチのほうに手を動かそうとする意思の表れである場合があります。その動きが起こったら、そのまま一緒に手をもう一方のスイッチに運んで、そこで、改めて本人が自分でそのスイッチを押せるように援助すればよいわけです。ただし、明らかにもう一つのスイッチに向けて手を動かそうとしていることがわかったなら、それは、その行や文字の選択を決定する意思を表しているわけですから、そのままこちらがもう一方のスイッチを押してもよいことになります。

スライド式スイッチの場合は、目的の行や文字までたどり着くと、今度は、反対側の端にあるスイッチに向かって押す動きをする必要があるのですが、独力で向こう側のスイッチまで押せる場合もあれば、運動が小さいので、ほんのわずか向こう側へ押す運動が起こるのみの場合もあります。このとき、運動が反対側のスイッチに向かって起こったならば、その動きがスムーズに起こりやすいようにスライド式スイッチのレールの角度を調整したり、動き自体を援助したりすれば、動きはいっそうはっきりしたものになりますし、運動が小さくても明らかに本人が反対側に向かって運動を起こそうとしているなら、一緒に反対側に向かって押す動きを起こせばよいことになります。

一方、運動がもっと大きい方の場合は、プッシュ式スイッチの場合でもスライド式スイッチの場合でも、運動に力が入りすぎていたり、意図した方向に正確に運動が起こっていないことが多いので、そのことをめぐる援助になります。

プッシュ式スイッチの場合は、運動ができるだけ小さくてすむように、手をスイッチのそばに導いたり、スイッチを手に近づける援助などを行います。一つ目の送るスイッチを押したり戻したりする運動が安定して反復されるならば、決定のためのもう一つのスイッチに移動するための運動はわかりやすいので、その移動の運動が起こったら、その運動をスイッチのほうに導いたり、スイッチのほうを手に近づけたりすればよいわけですが、一つ目のスイッチを押したり戻したりする運動が安定した反復ではないときは、押したあとに戻す運動が二つ目のスイッチに移動する運動と区別がつきにくかったり、途中に不随意運動が入って、二つ目のスイッチに移動する運動と区別がつきにくくなったり、移動するために起こした運動が一つ目のスイッチを結果的に押す運動になったりすることなどがあります。このような場合には、相手の運動に慣れることによって、その起こった運動の本来の目的を見抜かなければならないので、援助はより熟練を要するものになります。そして援助が適切になればそれだけ相手も無駄な力が減って的確な運動を起こしやすくなっていきます。

また、スライド式スイッチでは、まず、取っ手をつかむための援助として、手を上から添えたり、スイッチの位置や角度を調整したりするということが必要になります（細かいことですが、スライド式スイッチはそのままでは滑りすぎて、勝手に動いてしまうので、本人が動かしはじめるまでは、援助者がブレーキをかけておいて、本人が引く運動を起こしたときに初めて取っ手が動き出すようにしなければなりません)。ここでも行や文字を送っていくための引く運動と戻す運動とが安定して反復されれば、決定するために反対側に押す運動が起きたときにそのことがわかりやすいのですが、戻す運動が強すぎて反対側のスイッチを押してしまったり、反対側に押す運動が手前に引く運動になったり、それらとは別に不随意運動が起きてしまったりする場合には、プッシュ式スイッチの場合と同様に、相手の運動に慣れることによって、その起こっている運動の本来の目的を見抜かなければならないので、熟練が必要となるわけです。援助が適切になれば、それだけ相手も無駄な力が減って的確な運動を起こしやすくなっていくのは、プッシュ式スイッチと同様です。

〈一緒にスイッチを操作する中で相手の力を感じ取る援助〉

この方法は、すでに述べたように、二〇〇六(平成一八)年三月に三瓶はるなさんとのプッシュ式スイッチを通した関わり合いで偶然見つかったものです(九〇頁参照)。最初は気づきませんでしたが、相手が実際に運動を起こす前にこちらが運動を始めてしまうということが、それまでの方法にはなかったところです。

一緒に手を動かす援助は、プッシュ式スイッチの場合は、一方のスイッチを一緒にくり返し押していき、本人が止めたいところで小さな力を加えてくるので、それを選択の合図として読み取り、もう一方のスイッチを一緒にあるいは援助者のほうで押すことになります。この小さな力が加わったことにより、スイッチを戻す動きが遮られるので、そのままスイッチが押されたまま戻らない状態になることもあります。また、スライド式のスイッチの場合は、一緒に取っ手を握って手前に引いたり戻したりして一方のスイッチをくり返し押していき、本人が止めたいところでやはり小さな力を加えてくるので、それを合図として読み取り、もう一方のスイッチを一緒に押すことになります。ここでも、スライド式の取っ手を手前に引いたり戻したりしているときに相手の力が入ってきて戻す動きが遮られるので、そのままスイッチが押されたまま戻らない状態になることもあります。

この力を最初に発見したとき、それは次の運動を準備するための力でした。すなわち、プッシュ式スイッチの場合は、一つ目のスイッチを一緒に押し続けて、目的の行や文字まで来たら、もう一つのスイッチに移動しなければならないわけですが、この移動を本人自身が準備するとき、スイッチを押し込むような力が入るのです。私たちが立ち上がろうとするとき、いったん体を沈み込ませますが、それと似た動きです。スライド式スイッチの場合も、原理は同様で、一緒に手前に引いては戻す運動をくり返していて、目的の行や文字まで来たら、反対側に押すための準備として、いったん手前に引きつけるのです。

その後、これが一つの方法として確立してくると、初めて会った人でもいきなり一緒に動かす援助を行うようになりました。このとき相手は力を入れてくるのですが、それは必ずしも準備の力とは言えません。選びたい行や文字が来たときに、何かの力を合図として入れてくるわけです。このとき、本人がはっきりと腕に力を入れてくる場合もあれば、小さな力がこもるだけのときもあります。大きな力が入って何らかの運動が起こるときというのは、これは準備の力と比べると、準備をしたあとに起こる実際の運動ということになるわけですが、大きな力ほどタイミングはずれやすくなります。しかも援助者が慣れていなければ、大きな力でなければ伝わらないので、どうしてもタイミングはずれやすくなります。援助者が慣れれば慣れるほど小さな力で読み取れるようになりますし、小さな力ですめばすむほどタイミングも正確になっていきます。そもそも小さな力しかはいらない人もありますが、そういう方の力を感じ取るには、ある程度援助者はこの方法に慣れている必要があります。

援助者が熟達して、スピードが上がっていくと、本人からすればそれは力を入れるという意識ではなく、単に「ここだ」と思うだけで結果的に小さな力が腕にこもるというような状態になっていきます。本人自身が力を入れた意識がないにもかかわらず結果的に伝わることになるので、驚かれることも少なくありません。

なお、この援助者側の熟達については、援助者側も最初は相手の力を意識して受け止めているのですが、その受け止めは無意識になっていき、プッシュ式スイッチではスイッチが押されたままになったり、スライド式スイッチでは引かれたままになったりするという状態を見て、初めて力が入ったことがわかるというようになっていきます。脳科学などで言われる運動の自動化です。

また、さらに、こうしたことの発展として、手をさわられることに抵抗がある人に対しては、手以外の体の一部、腕や肩などにプッシュ式スイッチを軽く押しつけては離すということをくり返して行や文字を送っていき、選択したいところでかすかな力を体全体に入れたことが伝わってきて、結果としてスイッチが入りっぱなしになるということが起こります。この方法を最初に見つけたときは、歩行も可能な方との関わり合いだったのですが、プッシュ式スイッチを手で一緒に押していた際に上半身の揺れが伴っていることがわかっていたので、手をさわられたくないことがわかったときに、その揺れでスイッチを押すことができるのではないかと考えることができました。しかし、この方法をいろいろな人に試みるうちに、必ずしも上半身の揺れでなくても、スイッチを押しつけているところに力がわずかでも入れば、スイッチは結果的に押されたままになることがわかってきました。

ところで、以上述べたように、一緒に手を動かすところから始まって相手の身体にスイッチをくり返し押しつけていく方法へといたる段階で、このステップスキャン方式が表面的には限りなくオートスキャン方式に近づいていることに気づかされます。なぜなら本人は、援助者が行う行や文字のスキャンに対して合図を送っていることになるからです。残念ながら、こうした援助法で合図を送ることのできた人が、オートスキャン方式に移行できたという事例がなかなか生まれないので、この間にはやはり大きな隔たりがあることはわかるのですが、今後、検討していくべき課題です。

(ⅲ) 手と声によるステップスキャン方式の応用

一緒に手を動かすという方法は、さらに次のような方法へと発展しました。すなわち、パソコンやスイッチといった機器がなくとも、援助者が相手の手を軽く振りながら「あかさたな…」と声を出していき、選択したいところで合図を送ってもらうという方法（「手を振ってかすかな力を読み取る方法」二二六頁参照）です。これには、実は、五〇音表の選択が目によるものではなく耳による選択になっているということが必要ですが、パソコンの画面を見続けることが困難な人が少なくなく、そうした場合はみんなパソコンの音声を手がかりにしているので、この移行はむずかしくありませんでした。

この方法においても、スイッチとパソコンを使用する場合と同様、最初は意識的に相手のはっきりとした力を感じ取るのですが、しだいに小さな力でもわかるようになっていきます。スイッチの場合は、気がつくとスイッチが入りっぱなしになっているということが合図があったことを示すできごとになったのでしたが、ここでは、「あかさたな…」と唱えている音声が止まるということが起こります。これは、合図が来たらそれを感じて声を止めるというそれまでの一連の流れにバイパスができたようなもので、合図が来たらそれを感じるという意識のプロセスは飛ばして直接声を止めるということです。さまざまな技能の習熟においてこのプロセスは伴いますから珍しいものではないのですが、やはり、非常に不思議な感じがしたのは事実です。しかし、援助としては大変便利なもので、私のやることは、相手の力に対して意識を集中させるのではなく、声が止まるところを探すということになり、わかりやすいものになりました。しかも、少しずつスピードをあげていっても、声はうまく止まるので、聞き取りが速くなり、たくさんの言葉を聞き取ることができるようになったのです。

また、手をさわられるのがいやな人にとっては、スイッチの場合、腕や肩など手以外の場所にスイッチを押しあてることで合図が読み取れたわけですが、ここでも、同様に相手の腕などに軽く触れて「あかさたな…」と言いながら小さく揺らすようにすると、合図を読みとることも可能です。

さらに、この手を振ってかすかな力を読み取る方法では、予測される言葉を積極的に使うことも可能になります。携帯電話等で頻繁に用いられている予測変換と同じことですが、一つの単語の文字をすべて読みとらなくても、文脈と最初の一文字ないし二文字で予測される言葉が浮かんだら、それを声に出してみて、それでよいかを確認するという方法です。例えば、「あり」と二文字読み取れ、文脈的に「ありがとう」だと予測されたら、「ありがとう」と言って、それでよいかを確認するわけです。確認は、私はよかったら「はい」の「は」、まちがっていたら「いいえ」の「い」を伝えてもらっています。また、確認をせずにそのまま続けても、合っている場合はスムーズに次の文字が伝わってきますが、違っていると何か滞った感じが生まれるので、それで確認をとることもしています。

(iv) この方法の練習のむずかしさについて

この方法は私にとってはもっとも手慣れたものなので、他の援助者にこの方法を伝えるのはそれほどむずかしいものではないと考えていましたが、思った以上に伝えることが困難でした。それは、小さな動きや合図を読み取ることがむずかしいということに加えて、この方法の練習のむずかしさがありました。この方法の練習では、スイッチを用いるにしても手を振るにしても、最初は合図がまったく感じ取れないことが多いのですが、その際、合図が感じ取れないままスイッチを押し続けたり手を振り続けたりすることになり、そのくり返しは空しい反復になって、練習にならないどころか、この方法のむずかしさの実感がかえって強まることになってしまいます。また、合図を送る側も、なかなか伝わらないことが焦りの気持ちを生んだり、懸命に合図を読み取ろうとしてくれる援助者に対する申し訳ない気持ちを生んだりして、合図を送りにくくなってしまうことが往々にして起こります。最初にうまくコツをつかめた少数の援助者はどんどん熟達していったのですが、つまずいてしまう人が圧倒的でした。したがって、最近は、筆談を勧めるようにしています。

②文字盤やパソコンのキーボードを指差していく方法

これは、独力で指差しができれば、トーキングエイドと呼ばれるような市販の機器が使用できたり、五〇音の文字盤を指差して会話したり、視線で文字盤から文字を選択して意思を伝えるなど、発声に困難のある人たちの間ではしばしば利用されてきた方法になります。また、自閉症の作家東田直樹さんは、もともとは手を添えられる筆談によって気持ちを表現できるようになったのですが、アルファベットのキーボードの配列になったローマ字の文字盤を独力で指差したり、パソコンのキーボードを独力で押すことによって、会話をしたり、著述をしたりしています。

しかし、独力では困難であっても、適切な援助があればこうした文字盤やキーボードを指差すことができるということが起こるのです。

なお、五〇音表とローマ字の文字盤の違いについてですが、ローマ字の文字盤の利点は、文字数の少なさにあります。ひらがなが四六文字であるのに対してアルファベットは二六文字ですみますから、探すのが楽になるのです。ローマ字はひらがなよりもなじみの少ないものですから、ひらがなよりもむずかしいという印象がありますが、実際にはさほど困難を伴わない方が少なくないようです。いずれを選ぶかはまさにケースバイケースということになります。

（ⅰ）運動の方向づけに困難がある場合の援助

本人が実際に目的の文字を目でとらえて、そちらに向かって手が動きはじめたにもかかわらず、運動の方向づけがうまくいかないという場合は、援助はただ、その動きがスムーズに遂行されるために手を添えるということになります。とはいえ、前述した二つのスイッチのワープロの場合は、二つの運動が区別されていればよいわけですが、文字盤の場合、例えば五〇音表の場合は、単純に計算すると、五文字×一〇列、すなわち五〇の位置を区別しなければならないので、いったいどの文字を指差そうと手を伸ばしたのかは、簡単にはわかりません。

実は、ここで行われる援助は、最初は、漠然と、左上、左下、右上、右下の四方向のいずれかを判断したあと、そちらに近づきながら、四分割された領域の中でさらに同様に四方向の中のいずれかというようにしぼりこんでいき、最終的に一文字にたどりつくというものです。厳密に四分割を続けていくわけではありませんし、文字盤の中心の真上から始める場合もあれば、文字盤の下の端のほうから始める場合もありますが、いずれにせよ、カメラで言えば、ちょうどズームインしていく感じになるわけです。

(ii) 文字盤を見ることに困難がある場合の援助

文字盤を指差すに際して、特別に視力に障害があるわけではなくても、文字盤を見渡してその中から選びたいものを探し出すことに困難を感じている人たちがいます。

その理由としてはさまざまなものがあると思われますが、まずは、見渡すために必要な首の安定となめらかな視線の走査がうまくできない場合です。私たちはふだん意識することもありませんが、ものを見るためには、まず姿勢をそちらに向ける必要があり、さらに、そちらに視線を向け、かつ、そこから自由に視線を移動させなければなりません。運動の困難をかかえているということは、こうした姿勢や視線のコントロールにも困難があることが少なくないのです。

この場合、手を添えて一緒に文字盤の上を浮かせた状態でたどっていくと、ちょうど暗闇をサーチライトで照らすように限られた数の文字だけが目に入って、探しやすくなります。まだ援助者には指が向かっている文字が正確にはわからないのですが、指先の数文字のどれかに絞られるわけで、さらにゆっくりと相手の指を文字盤やキーボードに近づけていくと、本人が選びたい文字を指差したり、まちがった文字の方向に動かすと戻されるような抵抗に遭うなどして、しだいに正しい文字がわかってくるのです。

また、見渡すことを困難にしている理由に次のようなものもあります。それは、いったんいずれかの文字が目に入ってしまうと、そこで手が伸びてしまうという場合です。このような行動のある人は、目的の文字を探す前に、別の文字に向かって手が出てしまうのです。この場合は、手を添えるという援助が、思わず手が伸びてしまうというような動きを止めることにもなり、そこから、ゆっくりと全体を本人自身が見渡したり、あるいは、一緒に手を動かしながら文字を探したりすることになります。

ただし、実際に動いた手が本人自身が納得したものなのか思わず出たものなのかを見きわめることはそれほど容易なことではありませんので、相手のことをよく知る必要がありますし、結果的に相手の手を押さえるわけですから、十分な敬意が払われていなければやるべきことではありません。

(iii) 独力で指差せても気持ちを表現できない場合の援助

文字盤やキーボードを独力で指差すことができるのに、気持ちをうまく表現できない人が、援助者に手を添えられると気持ちを伝えることができるようになるという場合があります。特に自閉症と呼ばれてきた方々で、これにあてはまる方がたくさんいました。

例えば、キーボードを独力で押してパソコンで言葉を書くことができるにもかかわらず、入力した言葉は、例えば駅名の羅列だったりすることがあります。これは、独力で入力しようとすると気持ちが意識から消えてしまって、その代わりにある決まった言葉やパターンが連想されて、その言葉を入力してしまうということが起こっていると考えられます。このとき手を添えると、表現したい気持ちはそのまま意識から消えることなく、そのまま入力していくことができるわけです。

この理由はあくまで仮説の域を出ておりませんし、いささか機械的な説明に過ぎるのですが、ワーキングメモリー（作業記憶）の考えを応用すれば次のように説明が可能です。すなわち、独力でキーボード入力をする際に必要な一定の負担のために、ワーキングメモリーが使われてしまい、表現すべき気持ちをワーキングメモリーに保持しておくことがむずかしくなるのですが、手を添えられることで、キーボードを押すことに伴う負担が減り、ワーキングメモリーに表現すべき気持ちを保持しておくことができるというものです。

この場合、そもそも独力での入力が可能なのですから、入力時に表現内容が消えてしまわなければよいわけですが、ファシリテイティッドコミュニケーションにおける報告によれば、徐々にさわる援助を減らしていく中で、肩に触れるだけで、あるいは、横にいるだけで、表現できるようになることがあるとされており（ビクレン、二〇〇九）、東田直樹さんも、まさにそのような経過を経て独力での表現が可能になったのでした。

また、（ii）の最後に述べたことがここでもあてはまります。すなわち、独力で入力すると、気持ち以外の言葉が指差されることがあるわけですから、援助者がいったんその動きを止めるような動きを入れてしまう場合があります。あくまで、相手に寄り添うために行うことなので、寄り添おうとする気持ちや敬意が不可欠となります。

③手を添える筆談および指筆談

これは、独力では文字を書くことができなくても、援助者が手を添えると文字を書くことができるというものです。鉛筆やペンなどを実際に本人の手に握らせて紙の上に文字を書く場合もあれば、筆記用具なしに手を添えて本人の人差し指で援助者の手のひらなどに文字を書く場合もあります。両者を筆談と総称する場合もありますが、区別する際には、実際に筆記用具を使用する場合を筆談と呼び、指だけで書く場合を指筆談ないし指談と呼ぶことがあります。ここでも、両者を筆談と指筆談とに区別することにします。

なお、練習で何をどんな順序で書いたらよいかということについては、里見英則さん（一六七頁参照）がヘルパーさんたちと練習した経験に基づいて整理した練習法を参考にしてあります。

（ⅰ）手の運動が不自由でも本人の明らかな動きがある場合の筆談

肢体不自由を伴う方の場合、緊張が強すぎるためにペンを持っても自由にペンを動かせなかったり、そもそもペンを持つことが困難であったりする場合と、ほとんど力が入らないためにペンを持つこともペンを自由に動かすこともできない場合とがありますが、まず、前者について述べたいと思います。

まず、ペンを本人に握らせます。このとき、挟む力が出せる場合と出せない場合がありますが、挟めなくても私たちがペンを持つのと同じように指の形を作ってペンを挟み、そのまま上から包み込んでしまいます。手の添え方は、挟む力があれば、上から包み込むだけでなく、手のひらの付け根のあたりを下から支えるようにすることもできます。添える手は、相手の手が右手なら援助者も右手がやりやすいですが、左手になってもかまいません。そして、空いているほうの手に紙を持ちます。紙はしっかりしたノートかバインダーを利用します。

相手の手を支えてペン先に紙のほうを近づけてペン先が紙に触れるようにして、何かを書いてもらいます。私たちは最初、○と×を書いてもらうことにしています。このときの動きには個人差が大きいですが、多くの人がここで○を書く動きをしてきます。○だけでは偶然のように見えることも少なくありませんが、×を書いてもらうと○とは違う動きが起こるので、これが偶然ではなかったことがわかります。×がむずかしければ、ただの棒線でもかまいません。

そこから文字への援助はなおいくつかのステップを必要としますが、その動きがわかっただけでも、そこに本人の意思を感じることができますし、○と×のような区別した動きが読み取れれば、それを「はい」と「いいえ」に使うことも可能になります。

○×の次に私たちは、数字を書いてもらうことにしています。一筆書きですむ「1」「2」「3」まで書いてもらうと、本人が書いていることが感じ取られる場面がいくつか出てきます。例えば「1」は偶然のように感じられても、「2」に移ると「1」とは違う曲線の動きが出てきて、下の角のところでその動きが止まり、方向転換をして、そこから横の線が引かれることがわかります。こうなると、もう本人が書いていることが実感されます。「3」も同様に曲線から始まりますが、真ん中の角のところでいったん曲線が止まり、方向転換が起こるものの、今度は、「2」と違って再び曲線が始まるのです。これを「10」まで続けます。「4」「5」「7」「10」は、いったんペンを紙から離して空中を移動させなければならないのですが、最初はこちらで手伝ってしまいます。慣れてくると、本人が次にどちらに移動したいのかもわかるようになります。そして、それができたら、本人に自由に数字を選んで書いてもらいます。数字は10種類しかありませんから、何を書いたかは、ひらがなよりもはるかにやさしく読み取ることができます。数字ができれば、例えば三つの選択肢の中からどれを選ぶかというような質問の答えに使うことも可能になります。

ここからひらがなに移るのですが、どの文字でもよいですから、「あいうえお」や名前など、こちらが書く文字を指定し、練習を始めます。このとき、例えば「す」というような文字では、くるんと丸くなるところで、はっきりと本人の意思を感じ取ることができたりします。一筆書きで書ける文字はあまりないので、次の画に移るとき、空中を飛ばなければならないのですが、そこは、どの字を書くのかがわかっているので、飛ぶべき場所までペン先を持っていきます。

(ii) 本人に明らかな動きが少ない場合の筆談

次に、本人に明らかな動きが少ない場合の援助について説明します。ペンの握らせ方や援助者の支え方などは、(i) と同様です。

まず、相手に○や×を書いてくださいと言って手を支えると、はっきりとした力は感じ取りにくくても、かすかな動きで○や×を書いてもらうと、○のときには曲線を、×のときには棒線を書く動きが出る場合があります。力も動きも小さければそれがほんとうに本人の動きであるかどうかもはっきりしませんが、それは実際に動かないように見えても、○のときの動きと×のときの動きの対比は、ペンの軌跡を見ればわかることもあります。さらに数字の「1」「2」「3」を書いてもらうと、「1」の棒線と「2」の曲線の対比が感じられたり、「2」や「3」で曲線の動きが角で止まる感じやそこで方向を変えようとする動きが感じられる可能性があります。このように感じられたものがあれば、それは本人の意思がそこに反映していたと考えてよいと私は思っています。ただ、このような小さな動きや力の場合、本人も書こうという意識を持ったにもかかわらず、本人自身も手が動いたかどうか自覚できないことも往々にして起こります。だから、援助者が少しでも動きを感じたなら、そのことを肯定的に返していく必要があります。そのことで、ようやく本人も、もしかしたら書けているかもしれないと自覚できるからです。かすかな動きですので、本人があきらめたなら、いっそうその動きは伝わらなくなってしまいます。その後の展開は、（ⅰ）と同様です。

また、待っているだけでは動きが起こらない場合は、一緒に動かしてみると、相手がどういう動きをしようとしているかがわかることがあります。これは、ほんのわずかではあれ、手の力がこもるために、援助者が本人の考えと同じ方向に手を動かせば、そのこもった力と協調して少ない抵抗ですむのに対して、本人の考えと違う方向に手を動かせば、そのこもった力と拮抗してより大きな抵抗に出会ってしまうからです。習熟している援助者でないとこの力を感じ取るのはむずかしいのですが、こういう試みの中で、かすかではあれ、実際の動きが起こってくることもありますから、あきらめずに一緒に手を動かすことが大切です。ここでも〇や×、数字などが最初はわかりやすいでしょう。その後の展開はやはり（ⅰ）と同様です。

（ⅲ）手を添えないと文字にならない線を描いてしまう場合

ところで、特別な肢体不自由を伴わない人の中には、文字は書けないものの、ペンなどを持ってなぐり描きのような線を描いたりできる人がいます。大変自発的に見える運動なので、一般的には、まだなぐり描きの段階で文字を書く段階ではないと見なされてきたわけですが、これは、ペンなどを持つと、なぐり描きのような運動が、本人の気持ちを表現しようとする意図とは別に勝手に起こってしまっていると考えられます。

援助としては、手を添えることによっていったんその運動を止めて、改めて文字を書く援助をすることになります。止める援助が強すぎるとただ相手の動きを全面的に押さえつけるだけになって文字を書く援助にはつながりませんし、不十分だと再び同じ運動が起こってしまいますから、その加減は大変微妙なものです。また、文字盤の援助のところでも述べましたが（二一二頁参照）、本人の動きをいったん止めることになるので、単なる押さえつけにならないよう、相手に対する敬意は不可欠です。

相手の動きをいったん止めた上で改めて援助をするわけですが、その援助は、大きな動きだと意図に反する動きにつながりやすいので、（ii）で述べた援助に近いものになります。

（iv）手を添えなくても文字が書けるのに気持ちが表現できない場合

また、特別な肢体不自由を伴わない方で、手を添える援助がなくても独力で文字を書ける人の場合でも、手を添えられないとほんとうの気持ちを書くことができない人がいます。独力で書いた言葉が必ずしもほんとうに自分が言いたいことではないことがあるのです。文字盤の指差しのところと同様、ここでも自閉症と呼ばれてきた方々にそういう方が大勢いました。

なぜそのようなことが起きるのかは文字盤のところで述べましたが（二一二頁参照）、ここでも、本人がそのまま書き出すと自分のほんとうの気持ちではないことを書くことになりやすいので、手を添えていったんその動きを止めることが往々にしてあります。だから、ここでも、寄り添おうとする気持ちや敬意が大変重要になるのです。

家庭や学校等ですでに文字の学習を進めていても、なかなか気持ちの表現につなげることがむずかしい方は大勢いると思います。すぐに気持ちを聞くのはむずかしいかもしれませんが、例えば、口頭で聞いてしまうとそのままオウム返しと呼ばれるような答え方を誘発してしまう方でも、手で書いてもらえば書ける可能性があります。例えば、「海と山のどちらに行きたいですか」と尋ねて手を添えると、自分の気持ちの通りに選んで書けたり、「好きな色はなんですか」と尋ねて手を添えると、好きな色を書くことができる可能性があるのです。

これは、東田直樹さんの筆談を指導した鈴木敏子先生が取り組まれてきたことであり（鈴木、二〇〇八）、かつて『自閉症の中学生とともに』（三浦、二〇〇六）という著書で三浦千賀子先生が紹介しているご自身の実践は、こうしたことを日々の実践の中で追求されたものでした。もっともっときちんと検討されるべきものです。

（v）筆記用具を用いない指筆談について

筆記用具を実際に用いる筆談と指だけで行う指筆談を比較すると、それぞれに長所があります。まず、指筆談のほうが手続きが少ないので楽ですし、筆記用具がなくても手軽にできるということがあります。しかし、記録という面では、筆談のほうが指筆談よりも便利です。

また、筆談の援助の際、手の拘縮などで筆記具を握ってもらうことが大変な場合は、指筆談のほうがやりやすい場合もありますし、また、あえて、人差し指にこだわらず、他の指や、指先ではなく指の第一関節や第二関節、付け根の関節でも文字を書くことができます。

また、速度が上がってくると、指筆談の場合、しだいに、援助者が読み取っているものの中心が、指先の軌跡ではなく、手首の動きに移ってくることがあります。これは、厳密には筆記具を用いていても起こりうることですが、筆記具を使用している場合は、あくまで文字を書くことを省略はしにくいですが、指筆談の場合は、手首の動きで読み取ってしまえば、指先の軌跡が素早い動きで終わっても問題はなく、筆談よりも容易に速度を上げやすいのです。

このことを、援助者の感覚のほうから見ると、指先の軌跡を読み取る際には、援助者は視覚を中心に使っているのですが、手首の動きを読み取る際には、視覚よりも援助者の手の感覚を使っていることになります。この手の感覚というのは、興味深い特徴があって、普通は触覚のことになりますが、この場合は、さわっているというよりも、相手の動きに合わせて援助者が手を動かしたときに生ずる感覚、すなわち自分自身で自分の運動をとらえる感覚、すなわち運動感覚と呼ばれているものが中心になります。相手の動きそのものをとらえているというよりも、相手の動きに合わせて動いた援助者自身の感覚を手がかりにしているというのは、相手の動きに合わせることができなければ生まれてこない感覚ということになるのです。

もちろんこの感覚は、筆談においても重要な感覚として使われているのですが、視覚が前面に出ているときはなかなか気づかれません。しかし、見なくても援助ができるようになると、もっぱらこの感覚が使われることになります。この感覚は人間のさまざまな技と深く関わっているもので、この感覚が研ぎ澄まされることと技の習熟は切っても切り離せないものであると言ってよいでしょう。

予測を用いることの意義とその問題

以上整理してきた三つの方法はいずれも、習熟の過程で援助者が相手の言葉を予測するようになっていき、それをいかに用いるかという問題が生じてきます。相手の言葉だけを聞き取るのであれば、予測を使う必要はないと思われる方も多いし、そのことで援助者の意思が紛れ込んでくる可能性があるわけですから、むしろ不要なものと考えられるかもしれません。しかし、現実に寄り添って援助をしていると、文脈上、一文字か二文字聞けば次の単語が予測されることはしばしばで、それを用いればより少ない負担で速く聞き取ることができるので、実際に援助している人間としては、もしそれが本人の意思を表現する上で問題がなければ用いたくなるものだと思います。現実に私は積極的に予測を利用してきました。そこで、この予測の問題について整理しておきたいと思います。

三つの方法のいずれにおいても、一文字目か二文字目で、その単語が予測されるようになっていきます。

手を振ってかすかな力を読み取る方法においては、スイッチや手を振る際に、予測が当たっていれば予測されたところで合図が来ることになります。予測を利用するときは、予測された行や文字のところに特に注意を払ってそこで予測通り合図が来るのか、それとも来ないのかを確認することになるので、他の行に対してはあまり注意を払わず、予測された行や文字にのみ注意を集中させればよいことになります。この予測に慣れれば、予測外の行や文字は素早く送ってしまえばよいので、速度をあげることにもつながります。すべての行や文字にすべて同じ注意を向けるよりもずいぶんと楽にもなります。

もちろん予測が外れて合図が来ないこともあるのですが、そのときは改めてまた先頭の行や文字から始めればよいわけです。また、合図が来ないのは予測が外れたということですから、このことをしっかりと感じ取ることができるが、援助者がまちがって予測した言葉が本人の言葉として表現されないための歯止めになるわけです。言い換えれば、自分の予測が外れたことがわからないうちは、予測を利用するのは危険だということになります。

手を振ってかすかな力を読み取る方法では、例えば「る」を聞いて「るりいろ」という言葉が予測されたとき、「あかさたなはまやらわ」の前半を省略して「はまやら」と聞いていったり、もっと省略していきなり「ら行」の「らり」と聞いたりして、できるだけ速く目的の文字に到達するようにすることができます。さらに、いきなり予測された文字である「り」と発して合図を確認することもできます。ただし、この合図の読み取りは大変むずかしくなります。このときも、予測と合っているか外れているかの確認が大変重要になりますし、予測が外れていたことの確認ができなければ大変危険です。

そして、すでに述べたように、そこからさらに進んで、予測される単語、例えばここでは「るりいろ」と単語を音にして、それが正しいかどうかを確認するというふうに予測を用いることもできるようになります。私の場合、その確認を、最初は一つ一つ「はい」と「いいえ」で尋ねることから始めましたが、まちがっているときには、次の文字の合図がまったく来なかったり、漠然とした違和感が感じられて滞った感じが生ずるようになってからは、確認の回数を減らせるようになりました。そうなってからも、予測通りにどんどん言葉が紡ぎ出されていくほうがかえって不安で、予測と外れることが適度に起こるほど、かえってそれ以外のところが合っているということになり、安心です。したがって、予測通りに進んでいるときほど、意識的に正しいかどうかの確認をするようにしています。

二つ目の文字盤の選択では、次の文字が予測された場合、そちらに相手の手を誘導するという援助が可能です。例えば、ここでも「る」という文字が選ばれたところで「るりいろ」という予測が生まれた場合について考えてみます。左端が「あ行」、右端が「わ行」の五〇音の文字盤を使用しているとしましょう。スタートの場所を五〇音表の下のスペースで「な行」と「は行」の下あたりに作っておくとした場合、「り」が予測されているので、まず、相手の手を「り」の方向である右上のほうに誘導をするわけです。「り」が合っていれば、そのままスムーズに「り」に到達できるわけですが、予測が食い違っている場合は、「り」に近づいていく途中で、相手の意思と食い違うために抵抗感ないし違和感が生じます。例えば、相手の選びたい文字が「あ行」にあれば、動かしはじめで抵抗感や違和感が生じますし、相手の選びたい文字が「み」であれば、途中まではスムーズに進みますが「ま行」に近づくと抵抗感や違和感が生じます。相手の選びたい文字が「り」のすぐ隣りの「る」だとすると、「り」に近づいた直前で抵抗感や違和感が生じます。スタート地点から「り」まで、短い距離ですが、こうした確認を刻々と行いながら、予測が正しいかを確認していくわけです。習熟するということは、そういうことに敏感に対応できるということなのです。

これは、いわば一種のコミュニケーションということでもあります。ある方向に動かしたりある文字に近づいていくということは、相手に対してこちらの方向でよいかと尋ねていることであり、相手はその問いに対して、合っていれば、援助者の援助する方向に手を委ねたり自分の運動を重ね合わせたりし、違っていれば、そこである抵抗を伝えたり違う方向の動きを伝えたりして、援助者の予測を修正していくわけです。予測を用いると言うと、援助者の一方的な行為のように聞こえるかもしれませんが、まさに相互行為であり、共同作業なのです。

したがって、もし、援助者の予測が違っていることを本人が伝えようとしていることが読み取れなければ、まちがった文字が選択される危険性があるわけです。また、コミュニケーションであるからこそ、ここで本人と援助者の人間関係が問題となってくるのです。

次に、三つ目の筆談の場合の予測の問題に移りたいと思います。ここでも「るりいろ」を例にして考えます。「る」の次に「り」が予測されたとき、まず、相手の手を縦方向に動かすわけですが、予測が当たっていれば、スムーズに縦線が引かれます。一方、予測が違っていて、例えば本人は「す」を書こうとしている時、動かしはじめた時点で、違和感が生じます。そこで、横に修正するとスムーズに横線が引かれるということになります。また、本人が選びたい文字が「い」だとすると、縦線が二本スムーズに引かれてしまうので、「り」で合っていると感じられることも少なくありません。「り」と「い」が似ていることに援助者がすぐに気づけば、ここで「り」でいいかを確認することになります。例えば「り」でよければ「○」、違っていれば「×」を書いてもらうなどです。ひらがなには似ている文字が少なくないので、この危険性はけっこう潜んでいます。例えば「る」と「ろ」ならば、本人が「る」を書こうとしていて援助者が「ろ」を予測していれば、最後の丸める部分を省いてしまって、予測が合っていると思い込んでしまうことにもなるのです。

ここでも、こうした刻々と行われていく確認はコミュニケーションそのものであると言えます。手と手で対話をしながら共同作業が進められていくわけです。

ここで改めて本人と援助者の人間関係の問題について述べておきたいと思います。わかりやすい例をあげれば、もし、援助者が相手に対して威圧的だったりすれば、本人は修正したくても修正の意思を伝えにくくなり、正しい援助はできなくなりますし、違っているということを援助者に伝えると申し訳ないというような思いが湧けば、結果的に正しい文字が伝わらないことになります。そこには、本人や援助者のものの考え方や個性が反映してくることになります。また、そうしたものとは別に、本人と援助者の関係の性格が影響してくることもあります。具体的にあげれば、本人と援助者の関係が、子どもと親の関係、きょうだい同士の関係、友人の関係、生徒と教師の関係、利用者とヘルパーの関係などです。それぞれの関係をうまく説明することはなかなかむずかしいですが、やはり、援助者が年長者であったりすれば、そこに遠慮が生まれて否定の意思は伝えにくくなりますし、援助者が強い立場に立っていれば否定の意思は抑圧されやすくなってしまいます。

さらに、こうした関係がうまく作られていないとき、言葉を伝える援助の技術を持っている者は、気をつけなければ、本人より上位に立つことになりかねません。また、この技術だけで形成される人間関係は、一歩まちがうと、気持ちを伝えられずに困っている「弱者」を助けるという関係に陥ってしまう危険性もはらんでいますから、技術以前に人間関係を築く必要があるということになるでしょう。

対等の人間関係ということがよく言われます。それは一つの理想であることはまちがいありません。しかし、例えば親子関係は対等というわけにはいかないように、容易には対等になりえない関係も存在します。そこで、求められるのは、いかに互いを尊重し合えるかということではないでしょうか。互いに敬意を払い合える関係の上に、初めて援助は可能になるのだと私は思います。

おわりに

私のコミュニケーションの方法について、誰がいったい考え出したのと、その方法によって話している人から問われることがあります。答えはけっして「私」ではありません。気持ちを伝えたいという熱い思いを抱いた障害の重い子どもたちが、私を動かすことによって、ゆっくりと一歩ずつ方法をよりよいものへと発展させてきたのです。そして、方法の発展とともに、その方法を使える人たちの範囲もどんどん広がっていきました。

そして、少しずつ当事者自身が、声を上げはじめています。その声が世の中に届いて、常識の壁が打ち砕かれ、ほんとうに人々が、互いを同じ人間として認め合いながら共に生きてゆける社会が来るために、障害のある方々と手を携えながら、さらに前に向かっていきたいと思います。

なお、私たちの実践研究をジャーナリストの中村尚樹《ひさき》さんが『最重度の障害児たちが語りはじめるとき』という著書で紹介してくださいました（中村、二〇一三）。あわせてお読みいただければ幸いです。

本書をまとめるにあたってはたくさんの方々にお世話になりました。まっ先にお礼を言わなければならないのは、これまで出会ってきた障害当事者のみなさんとそのご家族です。また同じ志を持つ諸先輩や仲間たちからの応援にもたくさん支えられてきました。心より感謝申し上げます。

最後になりましたが、編集と出版の労をとってくださった萬書房の神谷万喜子さん、ほんとうにありがとうございました。

二〇一五年四月

柴田保之

■参考文献

大野剛資（二〇一一）『きじの奏で』日本文学館
紙屋克子（二〇一二）「意識障害の患者さん、そして家族の皆さんと歩んできた道」、山元加津子編『僕のうしろに道はできる』三五館、八頁〜一八頁
神原康弥（二〇一四）『大すきなママへ』廣済堂出版
笹本健他（二〇一〇）『子どもと知り合うためのガイドブック——ことばを超えてかかわるために』国立特別支援教育総合研究所
柴田保之（二〇〇一）「『知的障害』という言葉の成立のかげに——ある知的障害者のリーダーの死」『國學院雑誌』第一〇二巻第七号、一頁〜一二頁
柴田保之（二〇一二）『みんな言葉を持っていた——障害の重い人たちの心の世界』オクムラ書店
鈴木敏子（二〇〇八）「はじめに」、筆談援助の会編『言えない気持ちを伝えたい』エスコアール出版部、五頁〜一一頁
天畠大輔（二〇一二）『声にならないあ・か・さ・た・な——世界にたった一つのコミュニケーション』生活書院
中島昭美（一九七七）『人間行動の成り立ち——重複障害教育の基本的立場から』重複障害教育研究所
中村尚樹（二〇一三）『最重度の障害児たちが語りはじめるとき』草思社
東田直樹（二〇〇四）『自閉というぼくの世界』エスコアール出版部
東田直樹（二〇〇五）『この地球にすんでいる僕の仲間たちへ——12歳の僕が知っている自閉の世界』エスコアール出版部
東田直樹（二〇〇七）『自閉症の僕が跳びはねる理由——会話のできない中学生がつづる内なる心』

エスコアール出版部
ビクレン、ダグラス（二〇〇九）「『研究法』について」、ダグラス・ビクレン編『「自」らに「閉」じこもらない自閉症者たち——「話せない」7人の自閉症者が指で綴った物語』エスコアール出版部、一〇頁〜三七頁
三浦千賀子（二〇〇六）『自閉症の中学生とともに』未來社
山下久仁明（二〇〇二）『ぼくはうみがみたくなりました』ぶどう社
山鳥　重（一九八五）『神経心理学入門』医学書院
山鳥　重（二〇〇一）「失語症から見る脳の言語機能」、乾俊郎、安西祐一郎編『認知科学の新展開3　運動と言語』岩波書店、一五七頁〜一八八頁
山鳥　重、辻　幸夫（二〇〇六）『対談　心とことばの脳科学〈認知科学のフロンティア〉』大修館書店

柴田保之（しばた やすゆき）
一九五八年大分県生まれ。東京大学教育学部教育心理学科を卒業後、同大学大学院を経て、一九八七年より國學院大學に勤務。現在、國學院大學人間開発学部初等教育学科教授。専門は、重度・重複障害児の教育の実践的研究。（財）重複障害教育研究所において中島昭美先生のもとで実践的研究に携わる。また一九八一年より、町田市障害者青年学級にスタッフとして関わる。
主な著書は、『みんな言葉を持っていた——障害の重い人たちの心の世界』（オクムラ書店）。

沈黙を越えて

——知的障害と呼ばれる人々が内に秘めた言葉を紡ぎはじめた

二〇一五年五月一一日初版第一刷発行
二〇二〇年四月二〇日初版第四刷発行

著者 柴田保之
装幀 臼井新太郎
発行者 神谷万喜子
発行所 合同会社 萬書房
〒二二二－〇〇一一 神奈川県横浜市港北区菊名二丁目二四－一二－二〇五
電話 〇四五－四三一－四四二三 ＦＡＸ 〇四五－六三三－四二五二
yorozushobo@tbb.t-com.ne.jp http://yorozushobo.p2.weblife.me/
郵便振替 〇〇二三〇－三－五二〇二二

印刷製本 シナノ書籍印刷株式会社

ISBN978-4-907961-05-3 C0037